TRAITÉ DE LA RÉFORME
DE L'ENTENDEMENT

BIBLIOTHÈQUE DES TEXTES PHILOSOPHIQUES

SPINOZA

TRAITÉ DE LA RÉFORME DE L'ENTENDEMENT

Établissement du texte,
traduction et introduction
par
Bernard ROUSSET

LIBRAIRIE PHILOSOPHIQUE J. VRIN
6, Place de la Sorbonne,
PARIS V e

© *Librairie Philosophique J. VRIN*, 2002

Imprimé en France

ISSN 0249-7972

ISBN 978-2-7116-1569-8

www.vrin.fr

LA QUESTION DE LA DATE DU TEXTE [1]

Du *Traité de la Réforme de l'Entendement,* il paraît dès 1677 une édition latine dans *Opera Posthuma*, et une traduction néerlandaise dans *Nagelate Schriften*, faites à partir d'un manuscrit inachevé, volontairement conservé dans ses papiers par Spinoza jusqu'à sa mort. La date de sa rédaction pose problème : après discussion de toutes les données et de leurs interprétations (cf. l'introduction, p. 7 à 51 de mon édition commentée, Vrin, 1992) ce texte pourrait être postérieur à une « première Philosophie » (le *Court traité*) reprise et enrichie pour constituer la trame de la « deuxième Philosophie » (l'*Ethique*) elle-même rédigée en deux temps entre 1662 et 1675. Notre texte balise ce cheminement et trouve son sens dans cette destination : c'est pourquoi il est permis de le présenter comme le « Prolégomène » de l'*Ethique*, et cela résout la question de sa date : la *Réforme* a été écrite entre l'automne 1661 et l'été 1662.

1. Les textes de ce livre sont extraits de l'ouvrage de Bernard Rousset : Spinoza, *Traité de la Réforme de l'entendement*, introduction, texte, traduction et commentaire, Paris, Vrin, 1992, 480 pages.

LA RÉFORME DANS L'ŒUVRE

I – LES DESTINATAIRES

Spinoza n'était pas homme, n'était pas philosophe à écrire uniquement pour lui-même : en témoigne la peine qu'il a éprouvée, lorsqu'il s'est senti contraint, en 1675, de revenir de chez l'éditeur sans lui avoir remis le manuscrit de l'*Ethique*. Il convient donc de nous demander pour qui il écrivait la *Réforme*.

Dans le dernier paragraphe du *Court traité*, dont il est ainsi prouvé que c'était un ouvrage achevé, nous voyons que ses destinataires étaient des amis, en nombre limité, en qui il avait particulièrement confiance : c'est pourquoi il y présente sa pensée, l'essentiel de sa philosophie, sans chercher à réfuter spécialement les opinions des autres, ni à présenter ses réponses à des objections. Il n'en est pas de même pour la *Réforme*, dont une bonne part est précisément faite d'objections et de réponses, et dont la lecture n'apparaît pas réservée à un cercle restreint : s'il y fait certes état de son « expérience » philosophique, c'est non seulement d'une manière fort conforme à un usage traditionnel, stoïcien et cartésien, mais c'est surtout de la même manière qu'il le fait

dans ses *Lettres*, lorsqu'il invoque, contre ses correspondants, la joie que lui a procurée sa Philosophie ; on peut donc assurer que notre manuscrit était destiné à un large public s'intéressant à la philosophie et spécialement à la sienne, mais pensant autrement que lui, avec ses « préjugés » qui lui font voir dans ses vérités des « paradoxes ». Et il est facile, par le contenu même de notre texte, de repérer quels étaient ces lecteurs auxquels Spinoza s'adresse : ce sont des lecteurs en particulier de Bacon et surtout de Descartes, ceux-là même auxquels il est amené à répondre dans ses *Lettres* à partir de 1661, tel précisément Oldenburg, son correspondant qui n'était pas de ses amis philosophiques, et en qui il était loin d'avoir confiance ; le public concerné est donc celui du Monde qui attendait la Philosophie, en aura vite des extraits et la découvrira, enfin complète, dans l'*Ethique*.

Cela seul suffirait pour confirmer la datation retenue. Et l'on comprend alors qu'il n'était pas urgent de finir et de polir ce Prolégomène : il fallait bien rédiger d'abord l'œuvre lui-même ; toute la tâche prévue n'était donc pas achevée, lorsque Spinoza veut, assez brusquement, en 1675, publier l'*Ethique*, comme système de démonstrations, mais sans son préliminaire, pour y renoncer tout aussitôt, la *Lettre* d'Oldenburg du 22 juillet 1675 constituant d'ailleurs plus une invitation à la méfiance qu'un encouragement : la *Réforme* pouvait ainsi rester en attente, conservée pour une publication, après finition, destinée aux lecteurs de l'*Ethique*, qu'elle devait bien précéder, comme dans les *Opera posthuma* ; et le *Politique* devenait, en même temps, l'affaire la plus pressante. Tout cela suffirait pour rendre aussi compte, sans autres gloses ou spéculations philosophiques, de son inachèvement.

Ainsi peut-on constater que l'Avertissement rédigé par J. Jelles rapporte fidèlement la vérité de l'histoire de notre texte.

II – Les annonces

Il est difficile d'isoler réellement dans les pages de notre manuscrit des annonces d'autres passages ou d'autres textes : toute la *Réforme* n'est-elle pas l'annonce de toute l'œuvre dont elle constitue le Prolégomène inachevé ? Il est néanmoins possible de repérer un certain nombre de phrases qui sont des annonces expresses et précises de ce qui doit être dit par la suite.

On ne peut pas cependant en arrêter le nombre exact, dans la mesure où toutes ne comportent pas un mot ou une expression, opposant un *ici* et un *ailleurs* ou renvoyant à « *la Philosophie* », pour matérialiser leur présence : si on les recense, on en trouve une vingtaine. Elles se répartissent à peu près à égalité dans la première (le « Propos ») et la deuxième (la « Méthode ») Moitiés du manuscrit, et sont à peine plus nombreuses dans les notes que dans le texte : pour la plupart, elles s'insèrent dans la continuité du discours et de l'argumentation. On trouve plusieurs sortes d'indices : dans *la Philosophie,* 7 fois, dont 4 dans des notes, ou dans *l'Investigation de la Nature,* 1 fois, dans une note ; *aussitôt, plus loin, plus bas* ou *en son lieu,* 5 fois, dans des notes ; *non ici,* 5 fois, dont 2 dans des notes, implicitement opposé à *ailleurs,* 3 fois, dans le texte ; *ici,* sans un *ailleurs,* mais qui prévoit une analyse devant compléter le texte, 1 fois, dans une note.

Précieuses pour nous, les indications philosophiques qu'elle nous donnent sont également de nature diverse :

1) Il est certain que nous devons tenir pour une annonce générale de toute l'œuvre qui doit suivre la *Réforme* comme le moyen de la réalisation de son programme, avec la liste ordonnée de tous les moyens requis, le plan général de travail à accomplir exposé dans les § 14 à 16 : nous y trouvons d'abord la Philosophie.

2) Et, de toute évidence, même si elle peut échapper à une recension étroite ne tenant compte que de ce qui est matériellement dit, la principale indication est contenue dans le plan général de la *Réforme* présenté dans le § 49 : Spinoza nous dit clairement par quoi il faudra commencer ce qui sera à la suite de la *Réforme,* ce qui sera la Philosophie, avec l'« idée de l'Etre le plus parfait » ; remarquons que le mot *Dieu* n'est alors jamais prononcé : c'est plutôt le début de l'*Ethique,* qui commence par la Substance infinie, pour introduire Dieu seulement ensuite, qui nous est alors annoncé, plutôt que celui du *Court traité,* son Appendice I devant être considéré comme un moment de transition.

3) S'il en est ainsi, ce sont tous les derniers paragraphes de chacune des analyses successives de la *Réforme,* qui constituent autant d'annonces de la Philosophie, dont elle met précisément en place les développements et même l'ordre des Parties, comme on peut le voir dans le § 25 : c'est bien ce que signifient toutes les références, dans la dernière Partie de la première Moitié et dans la Deuxième partie de la Méthode qui occupe la deuxième Moitié, à l'ordre qui doit être suivi dans une déduction à partir d'une idée simple et claire, permettant une composition qui sera distincte, idée de l'entendement exprimant absolument l'infinité, positivement, sous l'aspect de l'éternité, etc., l'idée de l'Etre total qui est précisément l'Etre le plus parfait.

4) Les annonces formellement matérialisées dans le texte et ses notes ne peuvent alors apparaître que comme des confirmations utiles, qui sont d'autant plus précieuses qu'elles font état de *la Philosophie* comme d'un ouvrage, sinon commencé, au moins esquissé, peu importe réellement que la phrase soit alors construite au présent ou au futur. L'une d'entre elles renvoie à la Première partie de l'*Ethique,* à propos des Attributs de Dieu (76z), cinq à sa Deuxième partie, à propos de l'essence et de la cause prochaine de chaque perception (51), de la force native de l'entendement (31k) et de ses ouvrages (31l), de ce que c'est que chercher dans l'âme (36o), et de la cause des préjugés (45), et une à sa Cinquième partie, à propos de la corruption des idées de l'entendement (83) : on le voit, elles concernent toutes, plus ou moins, ce point essentiel de la doctrine qui doit approfondir et systématiser l'enseignement insuffisant de la Deuxième partie du *Court traité,* à partir de la note de la Préface et de ce qui est esquissé de son Appendice II ; il en est sans nul doute de même pour l'annonce évoquant *l'Investigation de la Nature,* à propos de l'origine de la première idée et de l'inhérence de l'affirmation et de la négation à l'idée elle-même, sans intervention d'une volonté (34n).

5) Certaines annonces sont moins précises, mais ne nous laissent pas dans l'indécision : le *en son lieu* concernant l'union de l'âme avec la Nature (13c) ne peut renvoyer qu'à la même Partie de la *Philosophie ;* au contraire, le *en son lieu* relatif aux fictions portant sur Dieu (54t), le *plus loin* à propos de l'hypothèse (54r), le *plus bas* au sujet de l'idée fausse (61a'), et le *aussitôt* relatif à l'opposition entre fiction et vérité éternelle (54s), renvoient aux pages suivantes de la *Réforme* elle-même ; seul, donc, le futur indéterminé relatif aux biens

qui sont les causes de notre perte (7b) ne peut être rapproché d'aucun texte précis.

6) Les annonces qui délimitent un *ici* renvoyant une question soulevée par le texte à une analyse plus complète peuvent être déchiffrées de la même manière : celle qui concerne l'existence du corps mise en cause dans la description de l'imagination (84) renvoie toujours à la même Partie de la *Philosophie,* ainsi que celle relative à la connaissance des choses éternelles et de leurs lois requise pour l'expérimentation (102) ; celle qui énumère les divers usages des richesses (4a) pourrait être un repère pour les analyses introduites dans l'Appendice de la Quatrième partie de l'*Ethique* et dans le *Politique ;* celle relative à l'enchaînement des Sciences (14d) peut faire penser aussi à l'*Ethique,* mais le § 25 de la *Réforme* en détermine les règles essentielles. Seule l'annonce d'une théorie de l'expérimentation et de ses principes, cependant on ne peut plus précise (103), ne correspond à aucun texte connu de nous ; d'ailleurs, s'il est certain que sa place n'était pas dans l'*Ethique,* qui ne traite pas du tout de Méthode (la Préface de sa Cinquième partie en exclut la Logique), il n'est pas moins assuré que Spinoza nous explique bien que cette place n'est pas dans la *Réforme,* qui ne traite pas de la Méthode de ce point de vue : s'il devait y avoir, si était même prévue une doctrine complète de l'expérimentation, elle ne pouvait être que réservée à un écrit distinct.

7) Au contraire, à ce *non ici* qui remet à plus tard une telle doctrine, s'oppose très logiquement le *ici* concernant l'analyse du mode de perception qu'est l'expérience, à compléter par l'examen de la méthode des Empiriques et de récents Philosophes (27i) ; il est évident que cette annonce indique une insertion future d'une réflexion sur ce point : on peut y voir l'évocation de ce qui sera traité dans les § 102 et 103, *ici,*

dans la *Réforme,* ou y voir l'indication de ce que nous aurions trouvé dans ce § 27 lui-même, *ici,* dans cette page, après une rédaction définitive, interprétation que je préfère, étant donné que tout ce passage est consacré à l'évaluation des modes de perception.

8) Cette répartition entre un *non ici* et un *ici* pour deux questions qui se posent au sujet d'un même thème, celui de l'expérience, apparaît ainsi fort précisément calculée : nous en trouvons confirmation dans le *ici brièvement,* qui annonce ce qui va être dit dans la *Réforme* du bien et du bien suprême (12), et qui implique un *ailleurs longuement,* annonce de ce qui en sera dit dans la *Philosophie.*

Nous pouvons tirer de là plusieurs conclusions :

– Il était prévu de compléter la *Réforme* sur certains points, en nombre restreint, mais sans que cela doive conduire au-delà des limites qui lui étaient fixées dans le § 49 ;

– Dès la rédaction de sa première Moitié, le contenu et même l'ordre de la deuxième étaient arrêtés, et ont été respectés ;

– Dans cette première Moitié, toute l'Œuvre future était déjà programmée, ouvrant la place à un travail illimité de l'Entendement devant s'accomplir dans une déduction ininterrompue ;

– En même temps, le contenu et l'enchaînement des Parties de l'ouvrage mis en place, la Philosophie, telle que nous la connaissons avec l'*Ethique,* se trouvaient « fondés en raison », avec les annonces indiquant ce qui devait y être exposé pour aller au-delà du *Court traité* et produire la connaissance de soi de l'Entendement, instrument de notre Salut.

La *Réforme de l'Entendement* a donc son unité dans l'unité de toute une entreprise philosophique dont le premier produit et le premier instrument sont la Philosophie elle-même, qui

s'inscrit directement, immédiatement, tant du point de vue logique que du point de vue chronologique, comme son prolongement et sa réalisation.

III – LES NOTES

La moitié des annonces se trouvant dans des notes, l'examen de celles-là nous permet déjà de mieux comprendre une des fonctions de celles-ci ; non pas de toutes, cependant, sur les 33 qu'on doit retenir, puisque les Annonces ne sont pas réservées aux notes, qui, de plus, ne sont pas toutes des annonces. Il nous faut donc compléter sur ce point nos analyses.

La tâche n'est pas aisée. En effet, l'édition latine de *Opera Posthuma* retient un système alphabétique d'appels de notes, qui cesse d'être continu après les vingt-cinq premières ; de son côté, la traduction néerlandaise de *Nagelate Schriften* adopte un triple système de signes différents (astérisques, croix simples et croix doubles), qui peut apparaître arbitraire et semble manquer de cohérence (cf. l'analyse complémentaire faite ci-dessous) ; et les deux systèmes ne coïncident pas, dans la mesure où les points d'insertion des appels de notes ne sont pas toujours mis au même endroit, et surtout dans la mesure où telle phrase, insérée dans le texte dans une des deux versions, est placée en note dans l'autre : dans chacun des cas, j'ai été amené à trancher pour établir le texte, en fonction de son explication dans le commentaire.

Pour rendre compte de ces difficultés particulières, on peut supposer que les phrases concernées pouvaient se présenter dans le manuscrit de trois façons : ou bien en bas de la page, ou bien dans la marge, ou encore entre les lignes. Dans ce dernier cas, il ne peut s'agir que d'additions faites en vue

d'une insertion dans le texte lui-même; il doit en être de même dans les deux premiers cas, vu qu'il n'était pas d'usage de prévoir des notes mises en bas de pages dans le texte finalement retenu pour son édition; nous pouvons donc considérer toutes les notes comme autant d'additions, mais avec cette différence, que les unes auraient aussi été faites en vue d'une insertion dans le texte définitif, les autres, uniquement comme des repères, ou des aide-mémoire d'un auteur tenant à s'indiquer à lui-même ce qu'il aurait à traiter dans la suite : tel est sans doute le cas des notes, déjà analysées, qui sont des annonces, ou de la *Philosophie* qui doit suivre la *Réforme,* ou, plus encore, de la suite de la *Réforme.*

Il n'en reste pas moins à déterminer la fonction des notes et, par là, le sens philosophique de leur présence dans le manuscrit; ici aussi, il faut faire des distinctions :

1) Une note, présente dans *Opera Posthuma* seulement (107g''), n'est qu'une référence matérielle interne à la pagination propre à cette édition, qui n'avait donc pas sa place dans *Nagelate Schriften*, sauf adaptation à une autre pagination.

2) Nous avons vu qu'une douzaine de notes constituait tout un ensemble d'annonces pour des développements ultérieurs, présents dans la *Philosophie* ou dans la *Réforme* elle-même. Mais un nombre presque comparable de notes, qui ne sont pas présentées plus ou moins explicitement comme des annonces, sont elles aussi au moins des amorces d'exposés futurs : deux, concernant la liaison entre la connaissance de Dieu et celle de la Nature (76a'', 92f''), mettent en place la Première partie de l'*Ethique ;* une, relative au lien causal (19f), renvoie à ce qui occupera la fin de cette même Partie et la suivante; quatre autres indiquent les thèmes qui trouveront leur place dans cette même Deuxième partie, l'union de l'âme et du corps (21g, 58z), l'ordre suivi dans l'analyse de l'idée et

de sa vérité (33m), et la déduction par la nécessité universelle
de la nature de cette vérité de l'idée (61a', avec aussi une
annonce de ce qui suivra dans la *Réforme* à propos de l'idée
fausse); on peut classer dans la même catégorie celle qui
évoque la fin unique de toutes les Sciences (16e). En outre,
une note, sur la Méthode comme distinction des idées qui
sont vraies, est un rappel de ce qui a déjà été dit (91e'').

3) Sans être des annonces expresses, ni constituer de
véritables amorces, 7 notes indiquent des compléments qu'il
serait utile d'insérer dans le texte : une pour expliquer le sens
du mot commerce (41p), une relative à l'abstraction à propos
de l'expérience (21h), 3 concernant la fiction et les songes
(57x, 64b', 78b''), une portant sur la mémoire (83d''), une,
enfin, apportant une précision utile sur la nature de l'hypothèse scientifique, qui pourrait être aussi une annonce, mais
d'une réflexion sur la Méthode ne relevant ni de l'*Éthique,* ni
même de la *Réforme,* comme nous l'avons vu pour l'expérimentation (57y).

4) Une note est visiblement une réflexion personnelle de
Spinoza, tenant à affirmer avec vigueur la certitude qu'il a de
sa propre vérité (44q).

On le voit, toutes les notes, qui étaient destinées à dispa-
raître en tant que notes lors de la révision du texte au moment
d'une publication qui a toujours été envisagée, s'inscrivent
dans la logique même d'une première rédaction d'un écrit qui
devait se prolonger dans la *Philosophie,* manuscrit inachevé,
non pas tellement parce que Spinoza ne serait pas parvenu au
terme de ce qu'il y avait à dire, mais parce qu'il lui restait
évidemment à en *polir* l'écriture, comme nous en prévient
l'auteur de l'Avertissement au Lecteur.

Elles représentent autant d'additions rapidement écrites
dans les marges ou entre les lignes, au cours de la rédaction et

de sa progression, lors de relectures faites sur le moment ou fort peu de temps après. Elles portent sur des points essentiels de la Philosophie : l'union de l'âme et de la Nature et l'unité de Dieu, l'Etre total, et de la Nature ; la liaison causale et l'union de l'âme et du corps ; l'Entendement, sa force et ses ouvrages, sa première idée et sa vérité ; la fiction et la mémoire ; à quoi il faut ajouter de fructueuses remarques sur les Sciences, l'expérience, l'expérimentation et les hypothèses. Leur insertion dans le texte finalement retenu en aurait certainement enrichi le contenu et mieux montré les conséquences pour la suite de l'œuvre.

Leur datation ne pose donc pas de problème philosophique particulier : la difficulté n'est que matérielle, comme il va de soi dans un manuscrit qui n'était pas encore mis en forme et qui devait être difficile à déchiffrer. C'est ce que j'ai tenu à prouver en les commentant, jusqu'à proposer parfois des dates précises.

IV – LES CORRESPONDANCES

S'il est vrai que la *Réforme* s'insère à ce point dans l'ensemble de l'œuvre, il est utile d'en donner la vérification en dressant une liste des correspondances les plus notables entre ses paragraphes et les autres écrits ; cela a été fait dans le commentaire à partir de son texte : rassemblons ici ces données en partant de ces ouvrages (références en *italiques*), pour mieux repérer les points d'insertion de l'enseignement de la *Réforme* (références en caractères romains) dans l'entreprise philosophique de Spinoza ; nous pourrons constater ainsi combien, dans sa thématisation d'idées exposées dans le *Court traité,* elle est solidaire de la Première et surtout de la Deuxième parties de l'*Ethique.*

Le Court traité :

I. *1* : 53, 58. — *2* : 87. — *Dial 1* : 9. — *3* : 76, 100. — *7* : 76-77, 94. — *8* : 100. — *10* : 11-12-13.

II. *Préf.* 21. — *1* : 51. — *1-2* : 18, 19, 23. — *4* : 12-13. — *5* : 5, 100. — *6-7* : 14. — *12-13* : 17. — *14* : 9. — *15* : 35. — *15-16* : 71. — *19* : 14, 71. — *20* : 101. — *23* : 13.24 : 8. — *26* : 14.

Append. II : 33, 73.

Les principes :

Prolég. : 79.
I. *Ax. 4* : 39. — *5 Sc* 76. — *9* : 76.
II. *6* : 102.

Les pensées :

I. *1* : 53. — *3* : 54. — *6* : 12-13, 69. — *7* : 102. — II. *1* : 54. — *12* : 54.

L'ethique :

I. *Déf.* 8 : 54. — *Ax. 1* : 92. — *Ax. 3* : 76. — *8, Sc. 1-2* : 108. — *13* : 87. — *15, Sc.* : 87. — *21* : 108. — *23* : 100. — *28* : 100. — *Append.* : 12, 25, 37.

II. *Déf.* 4 : 69. — *7* : 41. — *11* : 73. — *13, Co. 2 Sc.* : 100. — *17* : 58. — *18* : 81, 101. — *24* : 93. — *26* : 93. — *28* : 63, 73. — *30-31* : 82. — *34* : 69. — *35* : 66, 74. — *35 Sc.* : 110. — *38* : 76. — *40* : 93, 104-105 — *40 Sc. 1* : 81. — *40 Sc. 2* : 18-19, 23, 51. — *43* : 69. — *43 Sc.* : 30. — *44* : 93. — *44 Co. 2* : 108. — *45* : 82 — *48 Sc.* : 34, 59-61. — *49 c* : 78, 84.

III. *2* : 10. — *2 Sc.* : 10, 21, 81. — *4* : 10. — *24* : 10. — *43* : 35.

IV. *Préf.* : 12-13. — *Déf. 4* : 53. — *18 Sc.* : 14. — *37 Co 1* : 14.

V. *3 Sc.* : 81. — *10 Sc.* : 14, 17.

Les lettres :

VI (fin 1661) : 99-101.
XII (20 av. 1663) : 76, 87, 108.
XXXVII (juin 1666) : 81.
LXIV (29 juillet 1675) : 100.
LXXXIII (15 juillet 1676) : 93, 99.

IX (fév. 1663) : 72.
XXXV (10 av. 1666) : 87.
LX (début 1675) : 69-70.
LXX (14 nov. 1675) : 70.

REMARQUES

LE TEXTE

Le texte est établi à partir du premier apparat critique, celui de Gebhardt (1924), complété par les suggestions des historiens plus récents dans leurs analyses philosophiques, et par les critiques que fait de cet apparat Mignini (1985, 1987, 1988) et les observations faites sur ces critiques par Curley (1985), et par les apports d'Akkerman (dans sa thèse de 1980 et avec son édition publiée depuis 1982), et les remarques particulières ajoutées depuis par Steenbakkers.

LA TRADUCTION

Les majuscules du texte latin ont été conservées dans la traduction. La ponctuation n'est pas celle du texte, mais celle des usages du français moderne.

Dans la nouvelle version française que je présente, je reprends le système de transposition des mots et des expressions de mes précédents écrits, afin d'aboutir à une interprétation cohérente.

Dès que le français le permettait, j'ai choisi le mot qui était la transcription du latin, au péril quelquefois de l'élégance, mais on sait que le latin de Spinoza n'est pas toujours des plus élégants et qu'il lui arrive d'être obligé d'user de formules de prudence pour oser des vocables ou des expressions pour le moins rares. Dans la mesure du possible, mais en me refusant d'imposer à la langue française des formes qui lui répugnent, j'ai tenu à traduire régulièrement le même terme latin par le même terme français, (par exemple pour *âme, esprit, cœur*, etc.) et les termes latins d'une même famille par des termes français d'une même famille (ainsi, pour *entendement, intellectuel, intelligible, entendre*, distingué de *entendre dire* correspondant à *ouïr*, etc.)

Je dois dire ma dette à mes prédécesseurs, Caillois(1954), Koyré (1937) Appuhn (1907) et Saisset (1842) : la traduction d'Appuhn est moins dépassée qu'on ne le dit, et celle de Saisset offre de bonnes surprises littéraires et philosophiques.

La numérotation

Dans le texte et la traduction, la numérotation est celle proposée par Bruder dans son édition de 1843 (en caractères gras, p. ex. : **1**), car c'est la plus commode à suivre pour l'analyse et aussi la plus exacte du point de vue philosophique. La pagination de Gebhardt, devenue canonique (1924), est insérée dans le texte (indiquée par G)

LE PLAN DE LA *RÉFORME*

(A partir du § 49, compte tenu des §§ 91,
92, 99 et surtout 106, et des §§ 39, 40 et 42)
(Avec repérage des Notes)

PAUSE : LE PLAN GÉNÉRAL (49)

B. DEUXIÈME MOITIÉ : LA MÉTHODE (50-110)

« Pour que cela se fasse droitement, la Méthode doit procurer ceci »

I. Première partie : DISTINCTION DE L'IDÉE VRAIE (50-90)

> « Distinguer l'idée vraie de toutes les autres perceptions et contenir l'esprit loin des autres perceptions »

SE SAVOIR NE PAS SAVOIR

– Préambule (50-51)

1) Premier chapitre : D'avec l'idée fictive (52-65)

a) Première section : Portant sur l'existence (52-57)

– Introduction (52)

(Note r, : Les hypothèses)

α) Au sujet du possible (53-54)

(Note s, : La connaissance de mon existence)

(Note t, : Le doute sur l'existence de Dieu)

(Note u, : Les vérités éternelles)

– Digression : De l'existence particulière (55)

β) Dans la fabulation (56)

γ) Dans les suppositions et les hypothèses (57)

(Note x, : Fiction et imagination)

(Note y, * : Les hypothèses)

b) Deuxième section : Portant sur l'essence (avec ou sans existence) (58-64)

α) Son élimination dans la connaissance (58)

(Note z, : L'image corporelle de l'âme)

β) De son élimination par la fiction (59-60)

γ) Conséquences (61-64)

– L'attention (61)

(Note a', : Les lois certaines de la nature)

– La clarté et la distinction, le simple et le composé (62-64)

(Note b', : La fiction et le songe)

c) Résumé (65)

2) Deuxième chapitre : D'avec l'idée fausse (66-76)

a) Première section : Définition et analyse (66-68)

b) Deuxième section : La vérité (69-73)

α) Sa dénomination intrinsèque (69-70)

d) Retour à la question de sa définition (110 …)

Sans réponse : « LE RESTE MANQUE »…

<<FIN : PARTIR DE L'IDÉE DE L'ÊTRE LE PLUS PARFAIT

« Cette Méthode sera la plus parfaite, lorsque nous aurons l'idée de l'Etre le plus parfait » « Au début, il faudra le plus grandement veiller à ce que nous parvenions d'autant plus vite à la connaisance d'un tel Etre »

COMMENCER

(= LA PHILOSOPHIE :

Avec les [10…?] premières propositions de l'*Ethique*…)>>

TRAITÉ DE LA RÉFORME DE L'ENTENDEMENT

TEXTE ET TRADUCTION

| ADMONITIO AD LECTOREM

Tractatus, quem de Intellectus Emendatione, *etc., imperfectum, hic tibi damus, Benevole Lector, jam multos ante annos ab Auctore fuit conscriptus. In animo semper habuit eum perficere : At aliis negotiis præpeditus, et tandem morte abreptus, ad optatum finem perducere non potuit. Cum vero multa præclara, atque utilia contineat, quæ Veritatis sincero indagatori non parum e re futura esse, haudquaquam dubitamus, te iis privare noluimus; et, ut etiam multa obscura, rudia adhuc, et impolita, quæ in eo hinc inde occurrunt, condonare non graveris, horum ne inscius esses, admonitum te quoque esse voluimus. Vale.*

AVERTISSEMENT AU LECTEUR

Ce Traité de la réforme de l'entendement, *etc.,* *que nous te donnons ici imparfait et interrompu, Bienveillant Lecteur, a été écrit par son Auteur il y a bien des années. Son propos fut toujours de le faire et de le compléter. Mais, empêché par d'autres occupations et finalement emporté par la mort, il n'a pas pu le mener jusqu'à la fin souhaitée. Cependant, étant donné qu'il contient de nombreuses choses excellentes et utiles qui, comme nous en avons la ferme assurance, ne seront pas peu profitables au Chercheur sincère, nous n'avons pas voulu t'en priver. Et, pour que les nombreuses obscurités qui, rudes encore et non polies, s'y rencontrent ici et là, ne te paraissent pas rebutantes, nous avons voulu ici t'en avertir, pour que tu n'en sois plus ignorant. Adieu.*

| TRACTATUS DE INTELLECTUS EMENDATIONE

ET DE VIA, QUA OPTIME IN VERAM

Cognitionem dirigitur

B1 | Postquam me Experientia docuit, omnia, quæ in communi vita frequenter occurrunt, vana et futilia esse : cum viderem omnia, a quibus, et quæ timebam, nihil neque boni, neque mali in se habere, nisi quatenus ab iis animus movebatur, constitui tandem inquirere, an aliquid daretur, quod verum bonum, et sui communicabile esset, et a quo solo, rejectis cæteris omnibus, animus afficeretur ; imo an aliquid daretur, quo invento et acquisito, continua et summa **B2** in æternum fruerer lætitia. | Dico, *me tandem constituisse* : primo enim intuitu inconsultum videbatur propter rem tunc incertam certam amittere velle : videbam nimirum commoda, quæ ex honore, ac divitiis acquiruntur, et quod ab iis quærendis cogebar abstinere, si seriam rei alii novæ operam dare vellem : et si forte summa felicitas in iis esset sita, perspiciebam, me ea debere carere ; si vero in iis non esset sita, eisque tantum darem operam, tum etiam summa carerem **B3** felicitate. | Volvebam igitur animo, an forte esset possibile

TRAITÉ DE LA RÉFORME DE L'ENTENDEMENT
ET DE LA VOIE PAR LAQUELLE IL EST LE MIEUX DIRIGÉ VERS LA
CONNAISSANCE VRAIE DES CHOSES

| Après que l'expérience m'eut appris que toutes les choses **B1**
qui arrivent fréquemment dans la vie commune sont vaines et
futiles, comme je voyais que toutes celles qui me faisaient
craindre et que je craignais n'avaient en elles rien de bon ni de
mauvais, si ce n'est dans la mesure où mon cœur en était
remué, j'ai décidé enfin de chercher s'il y avait quelque chose
qui fût un bien vrai et pouvant se communiquer, et qui serait
seul à affecter l'esprit, toutes les autres choses ayant été reje-
tées ; bien plus, s'il y avait quelque chose grâce à la découverte
et l'acquisition duquel je jouirais d'une joie continue et
suprême pour l'éternité. | Je dis que *j'ai décidé enfin* : en effet, **B2**
à première vue, il semblait inconsidéré de vouloir perdre une
chose certaine pour une chose alors incertaine ; je voyais
assurément les avantages qui sont acquis par l'honneur et les
richesses, et que j'étais forcé de m'abstenir de les chercher, si
je voulais œuvrer sérieusement à une autre chose nouvelle ; et
si, par hasard, la félicité suprême était située en celles-là, je
percevais que je devrais en être privé, mais que, si elles
n'étaient pas situées en elles et si j'œuvrais à elles seules, je
serais alors aussi privé de la félicité suprême. | Je retournais **B3**
dans mon cœur la question de savoir s'il était possible par

ad novum institutum, aut saltem ad ipsius certitudinem pervenire, licet ordo, et commune vitæ meæ institutum non mutaretur; quod sæpe frustra tentavi. Nam quæ plerumque in vita occurrunt, et apud homines, ut ex eorum operibus colligere licet, tanquam summum bonum æstimantur, ad hæc tria

G6 rediguntur : divitias scilicet, | honorem, atque libidinem. His tribus adeo distrahitur mens, ut minime possit de alio aliquo

B4 bono cogitare. | Nam quod ad libidinem attinet, ea adeo suspenditur animus, ac si in aliquo bono quiesceret; quo maxime impeditur, ne de alio cogitet; sed post illius fruitionem summa sequitur tristitia, quæ, si non suspendit mentem, tamen perturbat, et hebetat. Honores, ac divitias prosequendo non parum etiam distrahitur mens, præsertim ubi [a] hæ non nisi propter se quæruntur, quia tum supponuntur

B5 summum esse bonum ; | honore vero multo adhuc magis mens distrahitur : supponitur enim semper bonum esse per se, et tanquam finis ultimus, ad quem omnia diriguntur. Deinde in his non datur, sicut in libidine, pœnitentia; sed quo plus utriusque possidetur, eo magis augetur lætitia, et consequenter magis ac magis incitamur ad utrumque augendum : si autem spe in aliquo casu frustremur, tum summa oritur tristitia. Est denique honor magno impedimento, eo quod, ut ipsum assequamur, vita necessario ad captum hominum est dirigenda, fugiendo scilicet, quod vulgo fugiunt, et quærendo, quod vulgo quærunt homines.

---

a. Potuissent hæc latius et distinctius explicari, distinguendo scilicet divitias, quæ quæruntur vel propter se, vel propter honorem, vel propter libidinem, vel propter valetudinem, et augmentum scientiarum et artium ; sed hoc ad suum locum reservatur, quia hujus loci non est, hæc adeo accurate inquirere.

hasard de parvenir à cet état nouveau, ou au moins à une certitude à son sujet, sans que soient changés l'ordre et l'état commun de ma vie ; ce que j'ai souvent tenté en vain. Car les choses qui arrivent la plupart du temps dans la vie, et qui, chez les hommes, comme il est possible de l'inférer de leurs œuvres, sont estimées comme le bien suprême, se ramènent à ces trois-ci, à savoir : les richesses, l'honneur et la sensualité. L'esprit est à ce point diverti par ces trois choses qu'il peut le moins penser à quelque autre bien. | Car, en ce qui concerne la **B4** sensualité, l'esprit y est à ce point suspendu qu'il s'y repose comme si c'était un bien ; par là, il est le plus empêché de penser à un autre bien ; mais, après sa jouissance, suit la suprême tristesse, qui, si elle ne suspend pas l'esprit, le trouble cependant et l'émousse. En poursuivant les honneurs et les richesses, l'esprit n'est pas non plus peu diverti, surtout quand celles-ci ne sont cherchées que pour elles-mêmes[a], parce qu'elles sont supposées être le bien suprême ; | mais **B5** l'esprit est encore beaucoup plus diverti par l'honneur : il est, en effet, supposé être toujours un bien par lui-même et comme l'ultime fin vers laquelle toutes les choses sont dirigées. Ensuite, il n'y a pas en eux, comme dans la sensualité, de repentir ; mais, plus est possédé de chacune de ces deux choses, plus s'accroît la joie et, par conséquent, nous sommes de plus en plus incités à accroître chacune des deux : mais si, en quelque accident, nous sommes frustrés dans notre espoir, alors naît la suprême tristesse. Et enfin, l'honneur est un grand empêchement en ce que, pour y accéder, il faut nécessairement que la vie soit dirigée selon ce qui séduit les hommes, à savoir en fuyant ce que les hommes fuient communément, et en cherchant ce qu'ils cherchent communément.

a. Cela aurait pu être expliqué plus amplement et plus distinctement, à savoir en distinguant les richesses qui sont cherchées ou pour elles-mêmes, ou pour l'honneur, ou pour la sensualité, ou pour la santé et l'accroissement des sciences et des arts ; mais cela est renvoyé à son lieu, car ce n'est pas de ce lieu-ci de les soumettre à une enquête avec autant de soin.

B6 | Cum itaque viderem, hæc omnia adeo obstare, quominus operam novo alicui instituto darem, imo adeo esse opposita, ut ab uno, aut altero necessario esset abstinendum, cogebar inquirere, quid mihi esset utilius; nempe, ut dixi, videbar bonum certum pro incerto amittere velle. Sed postquam aliquantulum huic rei incubueram, inveni primo, si, hisce omissis, ad novum institutum accingerer, me bonum sua natura incertum, ut clare ex dictis possumus colligere, omissurum pro incerto, non quidem sua natura (fixum enim bonum quærebam), sed tantum quoad ipsius consecutionem :

B7 | Assidua autem meditatione eo perveni, ut viderem, quod tum, modo possem penitus deliberare, mala certa pro bono certo omitterem. Videbam enim me in summo versari peri-

G7   culo, et | me cogi, remedium, quamvis incertum, summis viribus quærere; veluti æger lethali morbo laborans, qui ubi mortem certam prævidet, ni adhibeatur remedium, illud ipsum, quamvis incertum, summis viribus cogitur quærere, nempe in eo tota ejus spes est sita; illa autem omnia, quæ vulgus sequitur, non tantum nullum conferunt remedium ad nostrum esse conservandum, sed etiam id impediunt, et frequenter sunt causa interitus eorum, qui ea possident[b] et

B8   semper causa interitus eorum, qui ab iis possidentur. | Permulta enim exstant exempla eorum, qui persecutionem ad necem usque passi sunt propter ipsorum divitias, et etiam eorum, qui, ut opes compararent, tot periculis sese exposue-runt, ut tandem vita pœnam luerent suæ stultitiæ. Neque eorum pauciora sunt exempla, qui, ut honorem assequerentur, aut defenderent, miserrime passi sunt. Innumeranda denique

b. Hæc accuratius sunt demonstranda.

| Comme je voyais donc que toutes ces choses faisaient à B6
ce point obstacle à ce que j'œuvre à quelque état nouveau, bien
plus, qu'elles y étaient à ce point opposées qu'il était
nécessaire de m'abstenir de l'un ou de l'autre, je m'efforçais de
rechercher ce qui était pour moi plus utile ; comme j'ai dit, ne
semblais-je pas vouloir perdre un bien certain pour un incertain ? Mais, après m'être tant soit peu penché sur cette affaire,
j'ai d'abord découvert que, si, toutes ces choses perdues, je
m'attachais à un état nouveau, je perdrais un bien incertain par
sa nature, comme nous pouvons clairement l'inférer de ce qui
a été dit, pour un bien incertain, non certes par sa nature (je
cherchais en effet un bien fixe), mais seulement quant à la
réussite dans sa poursuite : | mais, par cette méditation prolon- B7
gée, je parvins à voir que, pourvu que je pusse réfléchir à fond,
alors je perdais des maux certains pour un bien certain. Je me
voyais, en effet, me retourner dans un péril suprême et être
obligé de chercher de mes suprêmes forces un remède, fût-il
incertain ; comme un malade, souffrant d'une maladie mor-
telle, qui, lorsqu'il prévoit une mort certaine si ne lui est
appliqué un remède, est forcé de chercher de ses suprêmes
forces celui-là même, quoique incertain : tout son espoir
n'est-il pas situé en lui ? Or, toutes ces choses que poursuit le
commun, non seulement n'apportent aucun remède pour la
conservation de notre être, mais encore l'empêchent, et sont
fréquemment la cause de la perte de ceux qui les possèdent, [b] et
sont toujours la cause de la perte de ceux qui sont possédés par
elles. | Très nombreux surgissent les exemples de ceux qui ont B8
souffert la persécution jusqu'à la mort pour leurs propres
richesses, et même de ceux qui, pour acquérir des moyens, se
sont exposés à tant de périls qu'à la fin ils payèrent de leur vie
leur sottise. Et pas moins nombreux sont les exemples de
ceux qui ont souffert très misérablement pour accéder à l'honneur ou le défendre. Innombrables, enfin, se revèlent les

---

b. Ces choses doivent être démontrées avec plus de soin.

exstant exempla eorum, qui præ nimia libidine mortem sibi
B9 acceleraverunt. | Videbantur porro ex eo hæc orta esse mala,
quod tota felicitas, aut infelicitas in hoc solo sita est;
videlicet, in qualitate objecti, cui adhæremus amore. Nam
propter illud, quod non amatur, nunquam oriuntur lites, nulla
erit tristitia, si pereat, nulla invidia, si ab alio possideatur,
nullus timor, nullum odium, et, ut verbo dicam, nullæ
commotiones animi; quæ quidem omnia contingunt in amore
eorum, quæ perire possunt, uti hæc omnia, de quibus modo
B10 locuti sumus. | Sed amor erga rem æternam, et infinitam sola
lætitia pascit animum, ipsaque omnis tristitiæ est expers;
quod valde est desiderandum, totisque viribus quærendum.
Verum non absque ratione usus sum his verbis : *modo possem
serio deliberare.* Nam quamvis hæc mente adeo clare
perciperem, non poteram tamen ideo omnem avaritiam,
libidinem, atque gloriam deponere.

B11 | Hoc unum videbam, quod, quamdiu mens circa has
cogitationes versabatur, tamdiu illa aversabatur, et serio de
novo cogitabat instituto; quod magno mihi fuit solatio. Nam
videbam illa mala non esse talis conditionis, ut remediis
G8 nollent cedere. Et | quamvis in initio hæc intervalla essent
rara, et per admodum exiguum temporis spatium durarent,
postquam tamen verum bonum magis ac magis mihi innotuit,
intervalla ista frequentiora et longiora fuerunt; præsertim
postquam vidi nummorum acquisitionem, aut libidinem, et
gloriam tamdiu obesse, quamdiu propter se, et non tanquam
media ad alia, quæruntur; si vero tanquam media quæruntur,
modum tunc habebunt, et minime oberunt, sed contra ad
finem, propter quem quæruntur, multum conducent, ut suo
loco ostendemus.

exemples de ceux qui, pour une sensualité excessive, ont
accéléré leur mort. | En outre, tous ces maux semblaient être B9
nés de ce que toute la félicité ou toute l'infélicité est située en
cela seul : dans la qualité, semble-t-il, de l'objet auquel nous
adhérons par l'amour. Car, pour ce qui n'est pas aimé, jamais
ne naîtront des querelles, il n'y aura aucune tristesse s'il périt,
aucune jalousie s'il est possédé par un autre, aucune crainte,
aucune haine, et, pour le dire en un mot, aucune des émotions
de l'esprit qui arrivent assurément dans l'amour des choses
qui peuvent périr, comme toutes celles dont nous venons de
parler. | Mais l'amour pour une chose éternelle, et infinie, B10
nourrit le cœur de la joie seule, la joie même, exempte de toute
tristesse, ce qu'il faut fort désirer et chercher de toutes ses
forces. Mais ce n'est pas sans raison que j'ai usé de ces mots :
pourvu que je pusse délibérer sérieusement. Car, bien que je
perçusse toutes ces choses par mon esprit si clairement, je ne
pouvais cependant pas, pour autant, abandonner toute avidité,
toute sensualité et toute gloire.

| Je voyais cela seul, que, tant que mon esprit se retournait B11
dans ces pensées, il se détournait de ces choses, et pensait
sérieusement au nouvel état, ce qui me fut d'un grand
soulagement. Car je voyais que ces maux ne sont pas d'une
telle condition, qu'ils ne veuillent céder aux remèdes. Et, bien
qu'au commencement ces intervalles fussent rares et durassent
un espace de temps très exigu, après cependant que le vrai bien
se fut fait connaître à moi de plus en plus, ces intervalles
furent plus fréquents et plus longs, surtout après avoir vu que
l'acquisition de monnaies, ou la sensualité, et la gloire ne
nuisent que tant qu'elles sont cherchées pour elles-mêmes et
non comme moyens pour d'autres choses, mais que, si elles
sont cherchées comme moyens, elles auront alors de la mesure
et nuiront le moins, mais contribueront beaucoup à la fin pour
laquelle elles sont cherchées, comme nous le montrerons en
son lieu.

B12 | Hic tantum breviter dicam, quid per verum bonum intelligam, et simul quid sit summum bonum. Quod ut recte intelligatur, notandum est, quod bonum, et malum non, nisi respective, dicantur; adeo ut una, eademque res possit dici bona, et mala secundum diversos respectus, eodem modo ac perfectum, et imperfectum. Nihil enim, in sua natura spectatum, perfectum dicetur, vel imperfectum; præsertim postquam noverimus, omnia, quæ fiunt, secundum æternum

B13   ordinem, et secundum certas Naturæ leges fieri. | Cum autem humana imbecillitas illum ordinem cogitatione sua non assequatur, et interim homo concipiat naturam aliquem humanam sua multo firmiorem, et simul nihil obstare videat, quominus talem naturam acquirat, incitatur ad media quæren- dum, quae ipsum ad talem ducant perfectionem : et omne illud, quod potest esse medium, ut eo perveniat, vocatur verum bonum; summum autem bonum est eo pervenire, ut ille cum aliis individuis, si fieri potest, tali natura fruatur. Quænam autem illa sit natura, ostendemus suo loco, nimirum esse[c] cognitionem unionis, quam mens cum tota Natura

B14   habet. | Hic est itaque finis, ad quem tendo, talem scilicet naturam acquirere, et, ut multi mecum eam acquirant, conari, hoc est, de mea felicitate etiam est operam dare, ut alii multi idem, atque ego intelligant, ut eorum intellectus, et cupiditas prorsus cum meo intellectu, et cupiditate conveniant; utque

G9   hoc fiat,[d] necesse est tantum de Natura intelligere, | quantum sufficit, ad talem naturam acquirandam; deinde formare talem societatem, qualis est desiranda, ut quam

---

c. Hæc fusius suo loco explicantur.

d. Nota, quod hic tantum curo enumerare scientias ad nostrum scopum necessarias, licet ad earum seriem non attendam.

| Ici, je dirai seulement de manière brève ce que j'entends B12 par vrai bien, et en même temps ce qu'est le bien suprême. Pour qu'on l'entende droitement, il faut noter que le bien, et le mal ne se disent que respectivement, au point qu'une seule et même chose peut être dite bonne, et mauvaise selon les divers rapports, de la même manière que le parfait, et l'imparfait. En effet, rien, considéré dans sa nature, ne sera dit parfait, ou imparfait; surtout après que nous aurons eu connaissance de ce que toutes les choses qui se font, se font selon un ordre éternel et selon des lois déterminées de la Nature. | Mais, comme la B13 faiblesse humaine n'arrive pas à suivre dans sa pensée cet ordre et que l'homme, pendant ce temps, conçoit une certaine nature humaine beaucoup plus forte que la sienne, et qu'il ne voit en même temps rien qui fasse obstacle à ce qu'il acquière une telle nature, il est incité à chercher des moyens qui le conduisent lui-même à une telle perfection : et tout ce qui peut être moyen d'y parvenir, est appelé vrai bien; et le bien suprême est de parvenir à ce qu'il jouisse d'une telle nature avec les autres individus, s'il se peut. Et quelle est cette nature, nous montrerons en son lieu que c'est assurément[c] la connaissance de l'union que l'esprit a avec toute la Nature. | B14 C'est donc la fin à laquelle je tends, à savoir acquérir une telle nature et faire effort pour que beaucoup l'acquièrent avec moi : c'est-à-dire que fait aussi partie de ma félicité d'œuvrer à ce que beaucoup d'autres entendent la même chose que ce que j'entends, afin que leur entendement, et désir aillent au plus loin dans leur accord avec mon entendement, et désir; et, pour que cela se fasse,[d] il n'est nécessaire d'entendre de la Nature qu'autant qu'il suffit pour acquérir une telle nature; ensuite, de former une société telle qu'elle doit être désirée pour que le plus grand nombre y

c. Ces choses sont plus amplement expliquées en leur lieu.
d. Note que j'ai seulement soin ici d'énumérer les sciences nécessaires à notre but, tout en ne portant pas mon attention à leur suite.

B15 plurimi quam facillime, et secure eo perveniant. | Porro danda
est opera Morali Philosophiæ, ut et Doctrinæ de puerorum
Educatione; et, quia Valetudo non parvum est medium ad
hunc finem assequendum, concinnanda est integra Medicina;
et quia arte multa, quæ difficilia sunt, facilia redduntur,
multumque temporis, et commoditatis in vita ea lucrari
B16 possumus, ideo Mechanica nullo modo est contemnanda. |
Sed ante omnia excogitandus est modus medendi intellectus,
ipsumque, quantum initio licet, expurgandi, ut feliciter res
absque errore, et quam optime intelligat. Unde quisque jam
poterit videre, me omnes scientias ad unum finem ᵉ et scopum
velle dirigere, scilicet, ut ad summam humanam, quam
diximus, perfectionem perveniatur; et sic omne illud, quod in
scientiis nihil ad finem nostrum nos promovet, tanquam
inutile erit rejiciendum, hoc est, ut uno verbo dicam, omnes
nostræ operationes, simul et cogitationes ad hunc sunt
B17 dirigenda finem. | Sed quia, dum curamus eum consequi, et
operam damus, ut intellectum in rectam viam redigamus,
necesse est vivere, propterea ante omnia cogimur quasdam
vivendi regulas, tanquam bonas, supponere, has scilicet.

I. Ad captum vulgi loqui, et omnia illa operari, quæ nihil
impedimenti adferunt, quominus nostrum scopum attingamus. Nam non parum emolumenti ab eo possumus acquirere,
modo ipsius captui, quantum fieri potest, concedamus; adde,
quod tali modo amicas præbebunt aures, ad veritatem
audiendam.

---

e. Finis scientiis est unicus, ad quem omnes sunt dirigenda.

parvienne le plus facilement, et sûrement, possible. | En outre, **B15**
il faut œuvrer à la Philosophie Morale, comme, aussi, à la
Doctrine de l'Education des enfants ; et, puisque la Santé n'est
pas un petit moyen pour arriver à poursuivre cette fin, il faut
composer une Médecine entière ; et, puisque beaucoup de
choses qui sont difficiles sont rendues faciles par l'art, et que
nous pouvons grâce à lui gagner beaucoup de temps et de
commodité dans la vie, la Mécanique n'est pour cela d'aucune
manière à mépriser. | Mais, avant tout, il faut produire par la **B16**
pensée une façon de soigner l'entendement et de l'expurger
lui-même, autant que permis au début, pour qu'il entende les
choses avec succès et sans erreur, et le mieux possible. D'où
chacun pourra désormais voir que je veux diriger toutes les
sciences vers une seule fin [e] et un seul but, à savoir parvenir à
la perfection humaine suprême que nous avons dite ; et ainsi,
tout ce qui dans les sciences ne nous promet pas vers notre
fin, devra être rejeté comme inutile, c'est-à-dire, pour que je le
dise en un seul mot, que toutes nos opérations, et en même
temps nos pensées, doivent être dirigées vers cette fin. | Mais, **B17**
puisque, pendant que nous avons soin de l'atteindre et que
nous œuvrons à ramener l'entendement dans la droite voie, il
est nécessaire de vivre, nous sommes pour cela forcés avant
toutes choses de supposer certaines règles de vie comme
bonnes, à savoir celles-ci :

I. Parler et mettre en œuvre selon ce qui séduit le commun
toutes les choses qui n'apportent en rien un empêchement
pour l'atteinte de notre but. Car ce n'est pas peu de profit que
nous pouvons acquérir de lui, sous condition que nous fas-
sions des concessions à ce qui le séduit, autant que faire se
peut ; ajoute que d'une telle manière ils tendront des oreilles
amicales pour écouter la vérité.

---

e. Dans les sciences, unique est la fin vers laquelle elles doivent toutes
être dirigées.

II. Deliciis in tantum frui, in quantum ad tuendam valetudinem sufficit.

III. Denique tantum nummorum, aut cujuscunque alterius rei quærere, quantum sufficit ad vitam, et valetudinem sustendendam, et mores civitatis, qui nostrum scopum non oppugnant, imitandos.

B18 | Hisce sic positis, ad primum, quod ante omnia faciendum est, me accingam, ad emendandum scilicet intellectum,
G10   eumque | aptum reddendum ad res tali modo intelligendas, quo opus est, ut nostrum finem assequamur. Quod ut fiat, exigit ordo, quem naturaliter habemus, ut hic resumam omnes modos percipiendi, quos hucusque habui ad aliquid indubie affirmandum, vel negandum, quo omnium optimum eligam, et simul meas vires, et naturam, quam perficere cupio, noscere incipiam.

B19 | Si accurate attendo, possunt omnes ad quatuor potissimum reduci.

I. Est Perceptio, quam ex auditu, aut ex aliquo signo, quod vocant ad placitum, habemus.

II. Est Perceptio, quam habemus ab experientia vaga, hoc est, ab experientia, quæ non determinatur ab intellectu; sed tantum ita dicitur, quia casu sic occurrit, et nullum aliud habemus experimentum, quod hoc oppugnat, et ideo tanquam inconcussum apud nos manet.

II. Jouir des délices autant qu'il suffit pour protéger la santé.

III. Enfin, chercher autant de monnaies ou de n'importe quoi d'autre qu'il suffit pour entretenir la vie et la santé, et pour imiter les mœurs de la cité qui ne battent pas en brèche notre but.

| Ces règles ainsi posées, je m'adonnerai à la première **B18** chose qui doit être faite avant toutes, à savoir purifier l'entendement et le rendre apte à entendre les choses d'une manière telle qu'il le faut pour atteindre notre fin. Pour que cela se fasse, l'ordre qui est naturellement le nôtre, exige que je rassemble ici tous les modes de percevoir que j'ai jusqu'ici possédés pour affirmer ou nier quelque chose sans avoir de doute, afin de choisir le meilleur de tous et de commencer en même temps à connaître mes forces, et ma nature que je désire parfaire.

| Si je fais soigneusement attention, ils peuvent tous être **B19** réduits de préférence à quatre :

I. Il y a la Perception que nous avons à partir du ouï-dire ou de quelque signe, qu'on appelle arbitraire.

II. Il y a la Perception que nous avons par expérience vague, c'est-à-dire par une expérience qui n'est pas déterminée par l'entendement ; mais elle est dite ainsi seulement parce qu'elle survient par hasard, et que nous n'avons nulle autre expérimentation qui la batte en brèche et qu'elle reste pour cela en nous comme inébranlée.

III. Est Perceptio, ubi essentia rei ex alia re concluditur, sed non adæquate; quod fit, [f] cum vel ab aliquo effectu causam colligimus, vel cum concluditur ab aliquo universali, quod semper aliqua proprietas concomitatur.

IV. Denique Perceptio est, ubi res percipitur per solam suam essentiam, vel per cognitionem suæ proximæ causæ.

B20 | Quæ omnia exemplis illustrabo. Ex auditu tantum scio meum natalem diem, et quod tales parentes habui, et similia; de quibus nonquam dubitavi. Per experientiam vagam scio me moriturum : hoc enim ideo affirmo, quia vidi alios mei similes obiisse mortem, quamvis neque omnes per idem temporis spatium vixerint, neque ex eodem morbo obierint. Deinde per experientiam vagam etiam scio, quod oleum sit **G11** aptum ad nutriendam | flammam, quodque aqua ad eam extinguendam apta sit; scio etiam, quod canis sit animal latrans, et homo animal rationale, et sic fere omnia novi, quæ **B21** ad usum vitæ faciunt. | Ex alia vero re hoc modo concludimus : postquam clare percipimus, nos tale corpus sentire, et nullum aliud, inde, inquam, clare concludimus animam unitam [g] esse corpori, quæ unio est causa talis

---

f. Hoc cum fit, nihil de causa intelligimus præter quod in effectu consideramus : quod satis apparet ex eo, quod tum causa non nisi generalissimis terminis explicetur, nempe his, *Ergo datur aliquid, Ergo datur aliqua potentia, etc.* Vel etiam ex eo, quod ipsam negative exprimant, *Ergo non est hoc, vel illud, etc.* In secundo casu aliquid causæ tribuitur propter effectum, quod clare concipitur, ut in exemplo ostendemus ; verum nihil præter propria, non vero rei essentia particularis.

g. Ex hoc exemplo clare videre id est, quod modo notavi. Nam per illam unionem nihil intelligimus præter sensationem ipsam, effectus scilicet, ex quo causam, de qua nihil intelligimus, concludebamus.

III. Il y a la Perception où l'essence d'une chose est conclue à partir d'une autre chose, mais non adéquatement, ce qui se produit, [f] ou bien lorsque de quelque effet nous inférons la cause, ou bien lorsqu'elle est conclue de quelque universel qu'accompagne toujours quelque propriété.

IV. Enfin, il y a la Perception où la chose est perçue à travers sa seule essence, ou à travers la connaissance de sa cause prochaine.

| Toutes choses que j'illustrerai par des exemples. C'est à **B20** partir du ouï-dire seulement que je sais mon jour de naissance et que j'ai eu tels parents, et choses semblables dont je n'ai jamais douté. C'est par expérience vague que je sais que je mourrai : en effet, je l'affirme parce j'ai vu d'autres, semblables à moi, avoir trouvé la mort, bien que tous n'aient pas vécu le même espace de temps et ne l'aient pas trouvée à la suite de la même maladie. Ensuite, c'est par expérience vague, aussi, que je sais que l'huile est un aliment apte à nourrir la flamme et que l'eau est apte à l'éteindre ; je sais aussi que le chien est un animal aboyant et l'homme un animal rationnel, et ainsi ai-je connaissance de presque toutes les choses qui contribuent à l'usage de la vie. | Mais, c'est à partir d'une autre **B21** chose que nous concluons par ce mode-ci : après avoir perçu que nous sentons tel corps et nul autre, nous en concluons, dis-je, clairement que l'âme est unie [g] au corps,

f. Lorsque cela arrive, nous n'entendons rien de la cause en dehors de ce que nous considérons dans l'effet : ce qui apparaît assez du fait que la cause n'est pas alors expliquée, si ce n'est par des termes très généraux, à savoir ceux-ci, *Donc il y a quelque chose, Donc il y a quelque puissance, etc.* Ou encore, du fait qu'ils l'expriment négativement, *Donc ce n'est pas ceci, ou cela, etc.* Dans le second cas, est attribué à la cause, en vertu de l'effet, quelque chose qui est conçu clairement, comme nous le montrerons dans l'exemple, mais rien en dehors des propres, non l'essence particulière de la chose.

g. A partir de cet exemple, on peut voir clairement ce que je viens de noter. Car, par cette union, nous n'entendons rien en dehors de la sensation elle-même, à savoir celle de l'effet à partir duquel nous concluions une cause, dont nous n'entendons rien.

sensationis; sed[h] quænam sit illa sensatio, et unio, non absolute inde possumus intelligere. Vel postquam novi naturam visus, et simul, eum habere talem proprietatem, et unam, eandemque rem ad magnam distantiam minorem videamus, quam si eam cominus intueamur, inde concludi-

B22   mus Solem majorem esse, quam apparet, et alia his similia. | Per solam denique rei essentiam res percipitur; quando ex eo, quod aliquid novi, scio, quid hoc sit aliquid nosse, vel ex eo, quod novi essentiam animæ, scio eam corpori esse unitam. Eadem cognitione novimus duo et tria esse quinque, et, si dentur duæ lineæ uni tertiæ parallelæ, eas etiam inter sese parallelas, etc. Ea tamen, quæ hucusque tali cognitione potui intelligere, perpauca fuerunt.

B23 | Ut autem hæc omnia melius intelligantur, unico tantum utar exemplo, hoc scilicet. Dantur tres numeri: quærit quis, quartum, qui sit ad tertium, ut secundus ad primum. Dicunt hic passim mercatores, se scire, quid sit agendum, ut quartus inveniatur, quia nempe eam operationem nondum oblivioni tradiderunt, quam nudam sine demonstratione

G12   a suis magistris audiverunt; alii | vero ab experientia simplicium faciunt axioma universale, scilicet ubi

---

h. Talis conclusio, quamvis certa sit, non tamen satis tuta est, nisi maxime caventibus. Nam nisi optime caveant sibi, in errores statim incident: ubi enim res ita abstracte concipiunt, non autem per veram essentiam, statim ab imaginatione confunduntur. Nam id, quod in se unum est, multiplex esse imaginantur homines. Nam iis, quæ abstracte, seorsim, et confuse concipiunt, nomina imponunt, quæ ab ipsis ad alia magis familiaria significandum usurpantur; quo fit, ut hæc imaginantur eodem modo, ac eas res imaginari solent, quibus primum hæc nomina imposuerunt.

union qui est cause d'une telle sensation ; mais [h] qu'est donc cette sensation, et cette union, nous ne pouvons pas à partir de là l'entendre absolument. Ou, après avoir pris connaissance de la nature de la vision et, en même temps, de ce qu'elle a une propriété telle que nous voyons une seule et même chose plus petite à une grande distance que si nous la regardions de près, nous en concluons que le Soleil est plus grand qu'il n'apparaît, et autres choses semblables. | C'est enfin à travers la seule **B22** essence de la chose, quand je sais à partir du fait que j'ai connaissance de quelque chose ce que c'est que connaître quelque chose, ou quand je sais à partir du fait que j'ai connaissance de l'essence de l'âme qu'elle est unie au corps. C'est par la même connaissance que nous connaissons que deux et trois font cinq, et que, s'il y a deux lignes parallèles à une troisième, elles sont aussi parallèles entre elles, etc. Cependant, les choses que j'ai pu entendre jusqu'ici par une telle connaissance ont été très peu nombreuses.

| Mais, pour que toutes ces choses soient mieux entendues, **B23** j'userai seulement d'un exemple unique, à savoir celui-ci. Soient trois nombres : on en cherche un quatrième qui soit au troisième comme le deuxième au premier. Ici les marchands se disent, çà et là, savoir ce qui est à faire pour que le quatrième soit trouvé, parce que, n'est-ce pas ?, ils n'ont pas encore livré à l'oubli, l'opération qu'ils ont entendue de leurs maîtres, nue, sans démonstration ; et d'autres font un axiome universel, en partant de l'expérience de choses simples, à

---

h. Une telle conclusion, bien que certaine, n'est cependant pas assez sûre, sauf pour ceux qui prennent le plus garde. Car, sauf s'ils se gardent le mieux, ils tomberont aussitôt en erreur : en effet, quand ils conçoivent les choses ainsi abstraitement, non par leur essence vraie, ils sont aussitôt dans la confusion du fait de l'imagination. Car, ce qui est en soi un, les hommes se l'imaginent multiple. Car, aux choses qu'ils conçoivent abstraitement, séparément, et confusément, ils imposent des noms qui sont employés par eux-mêmes pour signifier d'autres choses plus familières ; d'où il se fait qu'ils les imaginent de la même manière que celle dont ils ont l'habitude d'imaginer les choses, auxquelles ils imposèrent d'abord ces noms.

quartus numerus per se patet, ut in his 2, 4, 3, 6, ubi experiuntur, quod ducto secundo in tertium, et producto deinde per primum diviso fiat quotiens 6; et cum vident eundem numerum produci, quem sine hac operatione noverant esse proportionalem, inde concludunt operationem esse bonam ad quartum numerum proportionalem semper

B24 inveniendum. | Sed Mathematici vi demonstrationis Prop. 19 lib. 7 Euclidis sciunt, quales numeri inter se sint proportionales, scilicet ex natura proportionis, ejusque proprietate, quod nempe numerus, qui fit ex primo, et quarto æqualis sit numero, qui fit ex secundo, et tertio; attamen adæquatam proportionalitatem datorum numerorum non vident, et si videant, non vident eam vi illius Propositionis,

B25 sed intuitive, nullam operationem facientes. | Ut autem ex his optimus eligatur modus percipiendi, requiritur, ut breviter enumeremus, quæ sint necessaria media, ut nostrum finem assequamur, hæc scilicet.

I. Nostram naturam, quam cupimus perficere, exacte nosse, et simul tantum de rerum natura, quantum sit necesse.

II. Ut inde rerum differentias, convenientias, et oppugnantias recte colligamus.

III. Ut recte concipiatur, quid possint pati, quid non.

IV. Ut hoc conferatur cum natura, et potentia hominis. Et ex istis facile apparebit summa, ad quam homo potest pervenire, perfectio.

B26 | His sic consideratis videamus, quis modus percipiendi nobis sit eligendus.

savoir, là où le quatrième nombre est évident par lui-même, comme dans le cas de 2, 3, 4, 6, lorsqu'ils ont l'expérience de ce que, le deuxième étant multiplié par le troisième et le produit étant ensuite divisé par le premier, résulte le quotient 6 ; et comme ils voient qu'est produit le même nombre que celui qu'ils savaient être proportionnel sans cette opération, ils en concluent que l'opération est bonne pour toujours trouver le quatrième proportionnel. | Mais, c'est par la force de la **B24** démonstration (Prop. 19 liv. 7 d'Euclide), que les Mathématiciens savent quels nombres sont proportionnels entre eux, à savoir à partir de la nature de la proportion et de sa propriété, qui est, n'est-ce pas ?, que le nombre qui résulte du premier et du quatrième est égal au nombre qui résulte du deuxième et du troisième ; cependant, ils ne voient pas la proportionnalité adéquate des nombres donnés, et s'ils la voient, ce n'est pas par la force de cette proposition qu'ils la voient, mais intuitivement, en ne faisant aucune opération. | Or, pour que soit **B25** choisi parmi eux le meilleur mode de percevoir, il est requis que nous disions dans une brève énumération quels sont les moyens nécessaires pour que nous atteignions notre fin, à savoir ceux-ci :

I. Connaître exactement notre nature que nous voulons parfaire, et en même temps connaître de la nature des choses autant qu'il est nécessaire,

II. pour que nous en inférions droitement les différences, les convenances et les antagonismes des choses,

III. pour que soit droitement conçu ce qu'elles peuvent et ce qu'elles ne peuvent pas pâtir,

IV. pour que cela soit confronté à la nature et à la puissance de l'homme. Et, à partir de ces choses, apparaîtra facilement la perfection suprême à laquelle l'homme peut parvenir.

| Après ces considérations, voyons quel est le mode de **B26** percevoir qui doit être choisi par nous.

Quod ad primum attinet. Per se patet, quod ex auditu, præterquam quod sit res admodum incerta, nullam percipiamus essentiam rei, sicuti ex nostro exemplo apparet; et cum singularis existentia alicujus rei non noscatur, nisi cognita essentia, uti postea videbitur : hinc clare concludimus omnem certitudinem, quam ex auditu habemus, a scientiis esse secludendam. Nam a simplici auditu, ubi non præcessit proprius intellectus, nunquam quis poterit affici.

B27 | |[i] Quoad secundum. Nullus etiam dicendus est quod habeat ideam illius proportionis, quam quærit. Præterquam quod sit res admodum incerta, et sine fine, nihil tamen unquam tali modo quis in rebus naturalibus percipiet præter accidentia, quæ nunquam clare intelliguntur, nisi præcognitis essentiis. Unde etiam et ille secludendus est.

B28 | De tertio autem aliquo modo dicendum, quod habeamus ideam rei, deinde quod etiam absque periculo erroris concludamus; sed tamen per se non erit medium, ut nostram perfectionem acquiramus.

B29 | Solus quartus modus comprehendit essentiam rei adæquatam, et absque erroris periculo; ideoque maxime erit usurpandus. Quomodo ergo sit adhibendus, ut res incognitæ tali cognitione a nobis intelligantur, simulque, ut hoc quam
B30   compendiose fiat, curabimus explicare : | postquam novimus, quænam Cognitio nobis sit necessaria, tradenda est Via, et Methodus, qua res, quæ sunt cognoscendæ, tali cognitione cognoscamus. Quod ut fiat, venit prius considerandum, quod hic non dabitur inquisitio in infinitum; scilicet, ut

---

i. Hic aliquanto prolixius agam de experientia; et Empiricorum et recentium Philosophorum procedendi Methodum examinabo.

En ce qui concerne le premier. Il est manifeste qu'à partir du ouï-dire, outre que la chose est fort incertaine, nous ne percevons aucune essence de la chose, comme il apparaît à partir de notre exemple ; et comme l'existence singulière d'une chose n'est pas connue, sinon connue l'essence, comme on le verra par la suite, nous en concluons que toute certitude que nous avons à partir du ouï-dire doit être exclue dans les sciences. Car, par simple ouï-dire, quand n'a pas précédé l'entendement propre, quelqu'un ne pourra jamais être affecté.

|[i] Quant au deuxième. Personne ne peut non plus être dit   B27 avoir une idée de cette proportion qu'il cherche. Outre que la chose est fort incertaine et sans fin, jamais personne ne percevra dans les choses naturelles rien d'autre que des accidents qui ne sont jamais entendus clairement, sauf d'abord connues les essences. D'où celui-ci doit aussi être exclu.

| Mais d'un certain troisième mode, il faut dire que nous   B28 avons une idée de la chose, ensuite aussi que nous concluons sans risque d'erreur ; mais, cependant, il ne sera pas par lui-même le moyen pour que nous acquérions notre perfection.

| Seul, le quatrième mode comprend l'essence adéquate   B29 de la chose, et sans danger d'erreur ; et c'est pour cela qu'il devra le plus être utilisé. Comment doit-il donc être employé pour que soient entendues de nous par une telle connaissance les choses inconnues, et en même temps pour que cela se fasse le plus brièvement possible, nous prendrons soin de l'expliquer : | après avoir appris quelle connaissance nous est   B30 nécessaire, il faut enseigner la Voie et la Méthode par laquelle nous arriverons à connaître d'une telle connaissance les choses qui doivent être connues. Pour que cela se fasse, devra d'abord être considéré qu'il n'y aura pas ici une enquête allant à

---

i. Ici, je traiterai avec un peu plus de prolixité de l'expérience ; et j'examinerai la Méthode de progression des Empiriques et de récents Philosophes.

inveniatur optima Methodus verum investigandi, non opus
est alia Methodo, ut Methodus veri investigandi investigetur;
et, ut secunda Methodus investigetur, non opus est alia tertia,
et sic in infinitum; tali enim modo nunquam ad veri cognitionem, imo ad nullam cognitionem perveniretur. Hoc vero
eodem modo se habet, ac se habent instrumenta corporea, ubi
eodem modo liceret argumentari. Nam, ut ferrum cudatur,
malleo opus est, et ut malleus habeatur, eum fieri necesse est;
ad quod alio malleo, aliisque instrumentis opus est, quæ
etiam ut habeantur, aliis opus erit instrumentis, et sic in
infinitum; et hoc modo frustra aliquis probare conaretur,
B31 homines nullam habere potestatem ferrum cudendi. | Sed
quemadmodum homines initio innatis instrumentis quædam
facillima, quamvis laboriose, et imperfecte, facere quiverunt,
iisque confectis alia difficiliora minori labore, et perfectius
G14 confecerunt |, et sic gradatim ab operibus simplicissimis ad
instrumenta, et ab instrumentis ad alia opera, et instrumenta
pergando, eo pervenerunt, ut tot, et tam difficilia parvo labore
perficiant; sic etiam intellectus[k] vi sua nativa facit sibi
instrumenta intellectualia, quibus alias vires acquirit ad alia
opera[l] intellectualia, et ex iis operibus alia instrumenta, seu
potestatem ulterius investigandi, et sic gradatim pergit,
B32 donec sapientiæ culmen attingat. | Quod autem intellectus ita
sese habeat, facile erit videre, modo intelligatur, quid sit
Methodus verum investigandi, et quænam sunt illa innata

k. Per vim nativam intelligo illud, quod in nobis a causis externis non
causatur, quodque postea in mea Philosophia explicabimus.

l. Hic vocantur opera : in mea Philosophia, quid sint, explicabitur.

l'infini, à savoir que pour que soit trouvée la meilleure Méthode d'investigation du vrai, il ne faut pas une autre Méthode pour rechercher la Méthode de l'investigation du vrai, et, pour l'investigation de la deuxième Méthode, il n'en faut pas une troisième autre, et ainsi à l'infini : en effet, d'une telle manière, on ne parviendrait jamais à la connaissance du vrai, bien plus à aucune connaissance. Mais il en est de même de cela, qu'il en est des instruments matériels, pour lesquels il serait permis d'argumenter de la même manière. Car, pour forger du fer, il faut un marteau, et pour avoir un marteau, il est nécessaire qu'il soit fait, ce pour quoi il faut un autre marteau et d'autres instruments, et, pour les avoir aussi, il faudra d'autres instruments, et ainsi à l'infini ; et, de cette manière, on s'efforcera en vain de prouver que les hommes n'ont aucun pouvoir de forger le fer. | Mais, de même que les **B31** hommes ont pu faire, au début, avec des instruments innés, des choses très faciles, bien que laborieusement et imparfaitement, et, une fois celles-ci confectionnées, en ont confectionné d'autres plus difficiles avec moins de travail et plus parfaitement, et, allant ainsi par degrés des ouvrages les plus simples aux instruments et, en continuant, des instruments à d'autres ouvrages et instruments, sont parvenus à parfaire tant de choses et de si difficiles avec peu de travail, de même aussi l'entendement, [k] par sa force native, se fait des instruments intellectuels, par lesquels il acquiert d'autres forces pour d'autres ouvrages [l] intellectuels, et, à partir de ces ouvrages, d'autres instruments, ou le pouvoir d'aller plus loin dans l'investigation, et continue ainsi par degrés jusqu'à ce qu'il atteigne le sommet de la sagesse. | Mais, qu'il en soit ainsi de **B32** l'entendement, il sera facile de le voir, pourvu que soit entendu ce qu'est la Méthode d'investigation du vrai

---

k. Par force native, j'entends ce qui n'est pas causé en nous par des causes extérieures, et que nous expliquerons après, dans ma Philosophie.

l. Ici, il est parlé d'ouvrages : dans ma Philosophie, sera expliqué ce qu'ils sont.

instrumenta, quibus tantum eget ad alia ex iis instrumenta conficienda, ut posterius procedat. Ad quod ostendendum sic procedo.

B33 | Ideam vera (habemus enim ideam veram) est diversum quid a suo ideato : Nam aliud est circulus, aliud idea circuli. Idea enim circuli non est aliquid, habens peripheriam, et centrum, uti circulus, nec idea corporis est ipsum corpus : et cum sit quid diversum a suo ideato, erit etiam per se aliquid intelligibile ; hoc est, idea, quoad suam essentiam formalem, potest esse objectum alterius essentiæ objectivæ, et rursus hæc altera essentia objectiva erit etiam in se spectata quid

B34   reale, et intelligibile, et sic indefinite. | Petrus ex. gr. est quid reale ; vera autem idea Petri est essentia Petri objectiva, et in se quid reale, et omnino diversum ab ipso Petro. Cum itaque idea Petri sit quid reale, habens suam essentiam peculiarem, erit etiam quid intelligibile, id est, objectum alterius ideæ, quæ idea habebit in se objective omne id, quod idea Petri habet formaliter, et rursus idea, quæ est ideæ Petri, habet iterum suam essentiam, quæ etiam potest esse objectum alterius ideæ, et sic indefinite. Quod quisque potest experiri, dum videt se scire, quid sit Petrus, et etiam scire se scire, et rursus scit se scire, quod sit, etc. Unde constat, quod, ut

G15   intelligatur essentia Petri, non sit necesse | ipsam ideam Petri intelligere, et multo minus ideam ideæ Petri ; quod idem est, ac si dicerem, non esse opus, ut sciam, quod sciam me scire et multo minus esse opus scire, quod sciam me scire ;

m. Nota, quod hic non tantum curabimus ostendere id, quod modo dixi, sed etiam nos hucusque recte processisse, et simul alia scitu valde necessaria.

et quels sont ces instruments innés, dont seulement il a besoin pour confectionner à partir d'eux d'autres instruments, afin d'avancer plus loin. Pour le montrer, ainsi avancé-je :

| L'idée[m] vraie (nous avons, en effet, une idée vraie) est **B33** quelque chose de différent de son idéat : car autre chose est le cercle, autre chose l'idée du cercle. En effet, l'idée du cercle n'est pas quelque chose ayant périphérie et centre, comme le cercle, et l'idée du corps n'est pas le corps lui-même ; et comme elle est quelque chose de différent de son idéat, elle sera elle-même quelque chose d'intelligible par soi ; c'est-à-dire que l'idée, quant à son essence formelle, peut être l'objet d'une autre essence objective, et, en retour, cette autre essence objective, considérée en elle-même, sera aussi quelque chose de réel et d'intelligible, et ainsi indéfiniment. | Pierre, par **B34** exemple, est quelque chose de réel ; mais l'idée vraie de Pierre est l'essence objective de Pierre, et en soi quelque chose de réel et d'entièrement différent de Pierre lui-même. Donc, comme l'idée de Pierre est quelque chose de réel ayant son essence particulière, elle sera aussi quelque chose d'intelligible, c'est-à-dire objet d'une autre idée, laquelle idée aura en elle objectivement tout ce que l'idée de Pierre a formellement, et, en retour, l'idée qui est de l'idée de Pierre, a de nouveau son essence qui peut aussi être objet d'une autre idée, et ainsi indéfiniment. Ce dont chacun peut faire l'expérience, quand il voit qu'il sait ce qu'est Pierre, et aussi qu'il se sait savoir, et, en retour, qu'il se sait savoir qu'il sait, etc. Par là, il est établi que, pour que soit entendue l'essence de Pierre, il n'est pas nécessaire d'entendre l'idée de Pierre elle-même, et bien moins l'idée de l'idée de Pierre ; c'est la même chose que si je disais qu'il ne faut pas, pour que je sache, que je me sache savoir, et qu'il faut bien moins savoir que je me sais savoir ;

---

m. Note que nous ne prendrons pas ici seulement soin de montrer ce que je viens de dire, mais aussi que nous avons jusqu'ici droitement avancé, et, en même temps, d'autres choses qu'il est fort nécessaire de savoir.

non magis, quam ad intelligendam essentiam trianguli opus
sit essentiam circuli [n] intelligere. Sed contrarium datur in his
B35 ideis. Nam ut sciam me scire, necessario debeo prius scire. |
Hinc patet, quod certitudo nihil sit præter ipsam essentiam
objectivam; id est modus, quo sentimus essentiam formalem,
est ipsa certitudo. Unde iterum patet, quod ad certitudinem
veritatis nullo alio signo sit opus, quam veram habere ideam :
nam, uti ostendimus, non opus est, ut sciam, quod sciam me
scire. Ex quibus rursum patet, neminem posse scire, quid sit
summa certitudo, nisi qui habet adæquatam ideam, aut
essentiam objectivam alicujus rei; nimirum, quia idem est
B36 certitudo, et essentia objectiva. | Cum itaque veritas nullo
egeat signo, sed sufficiat habere essentias rerum objectivas,
aut, quod idem est, ideas, ut omne tollatur dubium, hinc
sequitur, quod vera non est Methodus signum veritatis
quærere post acquisitionem idearum, sed quod vera Methodus
est via, ut ipsa veritas, aut essentiæ objectivæ rerum, aut ideæ
B37 (omnia illa idem significant) debito ordine [o] quærentur. |
Rursus Methodus necessario debet loqui de Ratiocinatione,
aut de intellectione; id est, Methodus non est ipsum
ratiocinari ad intelligendum causas rerum, et multo minus est
τὸ intelligere causas rerum; sed est intelligere, quid sit
vera idea, eam a cæteris perceptionibus distinguendo,
ejusque naturam investigando, ut inde nostram intelligendi

n. Nota, quod hic non inquirimus, quomodo prima essentia objectiva
nobis innata sit. Nam id pertinet ad investigationem naturæ, ubi hæc fusius
explicantur, et simul ostenditur, quod præter ideam nulla datur affirmatio,
neque negatio, neque ulla volontas.

o. Quid quærere in anima sit, explicatur in mea Philosophia.

pas plus que pour entendre l'essence du triangle, il ne faut entendre [n] l'essence du cercle. Mais c'est le contraire qu'il y a dans ces idées. Car, pour que je me sache savoir, je dois nécessairement d'abord savoir. | Par là, il est manifeste que la **B35** certitude n'est rien en dehors de l'essence objective elle-même, c'est-à-dire que la manière dont nous sentons l'essence formelle est la certitude elle-même. D'où il est de nouveau manifeste que, pour la certitude de la vérité, il ne faut aucun autre signe qu'avoir une idée vraie : car, comme nous l'avons montré, il ne faut pas, pour que je sache, que je me sache savoir. A partir de ces choses, il est à son tour manifeste que personne ne peut savoir ce qu'est la certitude suprême, sinon celui qui a l'idée adéquate ou l'essence objective de quelque chose : assurément, puisque c'est la même chose, certitude et essence objective. | C'est pourquoi, comme la vérité n'a **B36** besoin d'aucun signe, mais qu'il suffit d'avoir les essences objectives ou, ce qui revient au même, les idées des choses, pour que tout doute soit ôté, il s'ensuit que la vraie Méthode n'est pas de chercher un signe de vérité après l'acquisition des idées, mais que la vraie Méthode est la voie pour que la vérité elle-même, ou les essences objectives, ou les idées des choses (tous ces termes signifient la même chose) soient cherchées [o] dans l'ordre dû. | En retour, la Méthode doit nécessairement **B37** parler du Raisonnement, ou de l'intellection : c'est-à-dire que la Méthode n'est pas le fait de raisonner lui-même pour entendre les causes des choses, et bien moins le fait d'entendre les causes des choses, mais c'est le fait d'entendre ce qu'est l'idée vraie en la distinguant des autres perceptions et en faisant une investigation sur sa nature, afin que nous

n. Note que nous ne cherchons pas ici comment la première essence objective nous est innée. Car cela concerne l'investigation de la nature, où ces choses sont expliquées plus amplement et où il est en même temps montré qu'en dehors de l'idée, il n'y a aucune affirmation ni négation, ni aucune volonté.

o. Qu'est-ce que chercher dans l'âme, c'est expliqué dans ma Philosophie.

potentiam noscamus, et mentem ita cohibeamus, ut ad illam
normam omnia intelligat, quæ sunt intelligenda; tradendo,
tanquam auxilia, certas regulas, et etiam faciendo, ne mens
inutilibus defatigetur. | Unde colligitur, Methodum nihil
aliud esse, nisi cognitionem reflexivam |, aut ideam ideæ; et
quia non datur idea ideæ, nisi prius detur idea, ergo Methodus
non dabitur, nisi prius detur idea. Unde illa bona erit
Methodus, quae ostendit, quomodo mens dirigenda sit ad
datæ veræ ideæ normam. Porro cum ratio, quæ est inter duas
ideas, sit eadem cum ratione, quæ est inter essentias formales
idearum illarum, inde sequitur, quod cognitio reflexiva, quæ
est ideæ Entis perfectissimi, præstantior erit cognitione
reflexiva cæterarum idearum; hoc est, perfectissima erit
Methodus, quæ ad datæ ideæ Entis perfectissimi normam
ostendit, quomodo mens sit dirigenda. | Ex his facile
intelligitur, quomodo mens, plura intelligendo, alia simul
acquirat instrumenta, quibus facilius pergat intelligere. Nam,
ut ex dictis licet colligere, debet ante omnia in nobis existere
vera idea, tanquam innatum instrumentum, qua intellecta,
intelligatur simul differentia, quæ est inter talem perceptio-
nem, et cæteras omnes. Qua in re consistit una Methodi pars.
Et cum per se clarum sit, mentem eo melius se intelligere, quo
plura de Natura intelligit, inde constat, hanc Methodi partem
eo perfectiorem fore, quo mens plura intelligit, et tum fore
perfectissimam, cum mens ad cognitionem Entis perfec-
tissimi attendit, sive reflectit. | Deinde, quo plura mens
novit, eo melius et suas vires, et ordinem Naturæ intelligit:
quo autem melius suas vires intelligit, eo facilius potest
seipsam dirigere, et regulas sibi proponere; et quo melius

connaissions par là notre puissance d'entendre et afin que nous contenions notre esprit de telle sorte, qu'il entende toutes les choses qui sont à entendre selon cette norme, en enseignant, comme auxiliaires, des règles certaines, et en faisant aussi en sorte que l'esprit ne se fatigue pas à des choses inutiles. | De **B38** là, on infère que la Méthode n'est rien d'autre que la connaissance réflexive, ou l'idée de l'idée ; et, puisqu'il n'y a pas d'idée de l'idée, s'il n'y a auparavant idée, il n'y aura donc pas de Méthode, s'il n'y a auparavant idée. De là, cette Méthode sera la bonne, qui montre comment l'esprit doit être dirigé selon la norme d'une idée vraie donnée. En outre, comme le rapport qui existe entre deux idées est le même que le rapport qui existe entre les essences formelles de ces idées, il s'ensuit que la connaissance réflexive, qui est celle de l'idée de l'Être le plus parfait, sera plus éminente que la connaissance réflexive des autres idées ; c'est-à-dire que sera la plus parfaite, la Méthode qui, selon la norme de l'idée donnée de l'Etre le plus parfait, montre comment l'esprit doit être dirigé. | A partir de **B39** cela, on entend facilement comment l'esprit, en entendant plus de choses, acquiert en même temps d'autres instruments, avec lesquels il continue plus facilement à entendre. Car, ainsi qu'il est permis de l'inférer à partir de ce qui a été dit, il doit exister avant tout en nous, comme instrument inné, une idée vraie par laquelle, entendue, est en même temps entendue la différence entre une telle perception et toutes les autres. C'est en cela que consiste la partie Une de la Méthode. Et comme il est clair par soi, que l'esprit s'entend lui-même d'autant mieux qu'il entend plus de choses sur la Nature, il est établi que cette partie de la Méthode sera d'autant plus parfaite, que l'esprit entend plus de choses, et qu'elle sera alors la plus parfaite, lorsque l'esprit est attentif, ou réfléchit à la connaissance de l'Etre le plus parfait. | Ensuite, plus **B40** l'esprit connaît de choses, mieux il entend, et ses forces, et l'ordre de la Nature : or mieux il entend ses forces, plus facilement il peut se diriger lui-même et se proposer des

ordinem Naturæ intelligit, eo facilius potest se ab inutilibus
B41 cohibere; in quibus tota consistit Methodus, uti diximus. |
Adde quod idea eodem modo se habet objective, ac ipsius
ideatum se habet realiter. Si ergo daretur aliquid in Natura,
nihil commercii habens cum aliis rebus, ejus etiam si datur
essentia objectiva, quæ convenire omnino deberet cum
formali, nihil etiam ᵖcommercii haberet cum aliis ideis, id est,
nihil de ipsa poterimus concludere; et contra, quæ habent
commercium cum aliis rebus, uti sunt omnia, quæ in Natura
existunt, intelligentur, et ipsorum etiam essentiæ objectivæ
idem habebunt commercium, id, aliæ ideæ ex eis deducentur,
G17 quæ | iterum habebunt commercium cum aliis, et sic instru-
menta, ad procedendum ulterius, crescent. Quod conabamur
B42 demonstrare. | Porro ex hoc ultimo, quod diximus, scilicet
quod idea omnino cum sua essentia formali debeat convenire,
patet iterum, quod, ut mens nostra omnino referat Naturæ
exemplar, debeat omnes suas ideas producere ab ea, quæ refert
originem, et fontem totius Naturæ, ut ipsa etiam sit fons
cæterarum idearum.

B43 | Hic forte aliquis mirabitur, quod nos, ubi diximus, bonam
Methodum esse, quæ ostendit, quomodo mens sit dirigenda ad
datæ veræ ideæ normam, hoc ratiocinando probemus : id
quod ostendere videtur, hoc per se non esse notum. Atque
adeo quæri potest, utrum nos bene ratiocinemur ? Si bene
ratiocinamur, debemus incipere a data idea, et cum incipere a
data idea egeat demonstratione, deberemus iterum nostrum

---

p. Commercium habere cum aliis rebus est produci ab aliis, aut alia
producere.

règles ; et mieux il entend l'ordre de la Nature, plus facilement il peut se contenir loin des choses inutiles ; c'est en cela que consiste toute la Méthode, comme nous l'avons dit. | **B 41** Ajoute qu'il en est de même objectivement de l'idée, qu'il en est réellement de son propre idéat. S'il y avait donc, dans la Nature, quelque chose n'ayant rien en commerce avec les autres choses, s'il y en a aussi une essence objective qui devrait être totalement en convenance avec la formelle, elle n'aurait, non plus, rien en[p] commerce avec les autres idées, c'est-à-dire que nous ne pourrions rien en conclure ; et, au contraire, les choses qui ont commerce avec les autres, comme le sont toutes celles qui existent dans la Nature, seront entendues, et leurs essences objectives aussi auront le même commerce, c'est-à-dire qu'en seront déduites d'autres idées, qui auront de nouveau commerce avec d'autres, et ainsi croîtront des instruments pour avancer plus loin. Ce que nous nous efforcions de démontrer. | En outre, à partir de ce dernier **B 42** point, à savoir que l'idée doit être totalement en convenance avec son essence formelle, il est de nouveau manifeste que, pour que notre esprit rapporte entièrement un tableau de la Nature, il doit produire toutes ses idées à partir de celle qui rapporte l'origine et la source de toute la Nature, pour qu'elle soit elle-même aussi la source des autres idées.

| Ici, par hasard, quelqu'un s'étonnera de ce qu'après avoir **B 43** dit que la bonne méthode est celle qui montre comment l'esprit doit être dirigé selon la norme d'une idée vraie donnée, nous le prouvions en raisonnant : ce qui semble montrer que cela n'est pas connu par soi. Et c'est pour cela qu'on peut demander : est-ce que nous raisonnons bien ? Si nous raisonnons bien, nous devons commencer à partir d'une idée donnée et, comme commencer à partir d'une idée donnée a besoin d'une démonstration, nous devrions prouver de nouveau notre

---

p. Avoir un commerce avec d'autres choses, c'est être produit par d'autres ou en produire d'autres.

ratiocinium probare, et tum iterum illud alterum, et sic in
infinitum. | Sed ad hoc respondeo : quod si quis fato quodam sic
processisset, Naturam investigando, scilicet ad datæ veræ ideæ
normam alias acquirendo ideas debito ordine, nunquam de sua
veritate q dubitasset, eo quod veritas, uti ostendimus, se ipsam
patefacit, et etiam sponte omnia ipsi affluxissent. Sed quia
hoc nunquam, aut raro contingit, ideo coactus fui illa sic
ponere, ut illud, quod non possumus fato, præmeditato tamen
consilio acquiramus, et simul, ut appareret, ad probandam
veritatem, et bonum ratiocinium, nullis nos egere instrumentis, nisi ipsa veritate, et bono ratiocinio : Nam bonum
ratiocinium bene ratiocinando comprobavi, et adhuc probare
conor. | Adde, quod etiam hoc modo homines assuefiant
meditationibus suis internis. Ratio autem, cur in Naturæ
inquisitione raro contingat, ut debito ordine ea investigetur,
est propter præjudicia, quorum causas postea in nostra
Philosophia explicabimus. Deinde quia opus est magna,
et accurata distinctione, sicut postea ostendemus ; id
quod est valde laboriosum. Denique propter statum rerum
humanarum, qui, ut jam ostensum est, prorsus est mutabilis.
Sunt adhuc aliæ rationes, quas non inquirimus. | | Si quis
forte quærat, cur ipse statim ante omnia veritates Naturæ
isto ordine ostenderim : nam veritas se ipsam patefacit ?
Ei respondeo, simulque moneo, ne propter Paradoxa,
quæ forte passim occurrent, ea velit tanquam falsa rejicere ;
sed prius dignetur ordinem considerare, quo ea probemus,
et tum certus evadet, nos verum assequutos fuisse,

B44

B45

G18
B46

---

q. Sicut etiam hic non dubitamus de nostra veritate.

raisonnement, et alors de nouveau cet autre raisonnement, et
ainsi à l'infini. | Mais à cela je réponds : si c'était par quelque   B44
destin que quelqu'un, en faisant l'investigation de la Nature,
avançait ainsi, à savoir en acquérant d'autres idées dans l'ordre
dû selon la norme d'une idée vraie donnée, il ne douterait jamais
de sa vérité q, du fait que la vérité, comme nous le montrons, se
manifeste elle-même, et toutes choses afflueraient à lui sponta-
nément. Mais, puisque cela n'arrive jamais, ou rarement, j'ai
pour cela été contraint de poser ainsi ces choses, afin que, ce
que nous ne pouvons acquérir par destin, nous l'acquérions
cependant par un dessein prémédité, et afin qu'apparaisse en
même temps que, pour prouver la vérité et le bon raisonnement, nous n'avons besoin d'aucun instrument, sinon de la
vérité et du bon raisonnement : car, le bon raisonnement, c'est
en raisonnant bien que je l'ai approuvé et que je m'efforce
encore de le prouver. | Ajoute que c'est aussi de cette manière   B45
que les hommes s'accoutument à leurs méditations internes. Or
la raison pour laquelle il arrive rarement que, dans l'enquête sur
la Nature, l'investigation soit faite dans l'ordre dû, c'est du fait
des préjugés dont nous expliquerons plus tard les causes dans
notre Philosophie. Ensuite, parce qu'il faut une distinction
grande et soigneuse, ce qui est fort laborieux. Enfin, du fait de
l'état des choses humaines qui, comme cela a déjà été démontré,
est instable au plus loin. Il y a encore d'autres raisons, que nous
ne recherchons pas. | Si, par hasard, quelqu'un demande   B46
pourquoi moi-même j'ai montré aussitôt, avant toutes choses,
dans l'ordre dû, les vérités de la Nature : « car la vérité se rend
manifeste elle-même », je lui réponds, et en même temps je
l'avertis de ne pas, du fait des Paradoxes qui surgissent
par hasard çà et là, les rejeter comme faux, mais de daigner
d'abord considérer l'ordre dans lequel nous les prouvons,
et il en sortira alors certain que nous avons atteint le vrai,

q. De même aussi qu'ici nous ne doutons pas de notre vérité.

B47 et hæc fuit causa, cur hæc præmiserim. | Si postea forte quis
Scepticus et de ipsa prima veritate, et de omnibus, quas ad
normam primæ deducemus, dubius adhuc maneret, ille
profecto aut contra conscientiam loquetur, aut nos fatebimur,
dari homines penitus etiam animo occæcatos a nativitate, aut
a præjudiciorum causa, id est, aliquo externo casu. Nam
neque seipsos sentiunt; si aliquid affirmant, vel dubitant,
nesciunt se dubitare, aut affirmare : dicunt se nihil scire; et
hoc ipsum, quod nihil sciunt, dicunt se ignorare; neque hoc
absolute dicunt : nam metuunt fateri, se existere, quamdiu
nihil sciunt; adeo ut tandem debeant obmutescere, ne forte
B48 aliquid supponant, quod veritatem redoleat. | Denique cum
ipsis non est loquendum de scientiis : nam quod ad vitæ, et
societatis usum attinet, necessitas eos coëgit, ut supponerent,
se esse, et suum utile quærerent, et jurejurando multa
affirmarent, et negarent. Nam, si aliquid ipsis probetur,
nesciunt, an probet, aut deficiat argumentatio. Si negant,
concedunt, et opponunt; nesciunt se negare, concedere, aut
opponere; adeoque habendi sunt tanquam automata, quæ
mente omnino carent.

B49 | Resumamus jam nostrum propositum. Habuimus
hucusque *primo* finem, ad quem omnes nostras cogitationes
dirigere studemus. Cognovimus *secundo,* quænam sit optima
perceptio, cujus ope ad nostram perfectionem pervenire
possimus. Cognovimus *tertio,* quænam sit prima via, cui
mens insistere debeat, ut bene incipiat; quæ est, ut ad
normam datæ cujuscunque veræ ideæ pergat, certis legibus
inquirere. Quod ut recte fiat, hæc debet Methodus præstare :
Primo veram ideam a cæteris omnibus perceptionibus

et telle fut la cause pour laquelle j'ai posé ces prémisses. | Si, **B47**
après cela, par hasard, quelque Sceptique restait encore
dubitatif sur la vérité première elle-même, et sur toutes celles
que nous déduisons selon la norme de la première, ou bien il
parlera contre sa conscience, ou bien nous avouerons qu'il y a
des hommes profondément aveugles aussi d'esprit, ou de
naissance, ou à cause des préjugés, c'est-à-dire par quelque
accident externe. Car ils ne se sentent pas non plus eux-
mêmes ; s'ils affirment quelque chose ou s'ils doutent, ils ne
savent pas qu'ils doutent ou affirment : ils disent ne rien
savoir ; et même cela, qu'ils ne savent rien, ils disent l'igno-
rer ; et ils ne le disent pas absolument : car ils craignent
d'avouer qu'ils existent, aussi longtemps qu'ils ne savent
rien ; à ce point qu'ils doivent enfin garder le silence, afin de
ne pas supposer par hasard quelque chose qui ait un parfum de
vérité. | Enfin, avec eux, il ne faut pas parler de sciences : car, **B48**
pour ce qui concerne l'usage de la vie et de la société, la
nécessité les a forcés à se supposer être, et à chercher ce qui leur
est utile, et à affirmer et nier beaucoup de choses sous serment.
Car, si quelque chose leur est prouvé, ils ne savent pas si
l'argumentation est probante ou défectueuse. S'ils nient,
concèdent ou s'opposent, ils ne se savent pas nier, concéder ou
s'opposer ; et ils doivent pour cela être pris pour des automates
qui sont totalement privés d'esprit.

|Reprenons maintenant notre propos. Jusqu'ici, nous avons **B49**
eu *premièrement* la fin vers laquelle nous nous sommes appli-
qués à diriger toutes nos pensées. Nous avons *deuxièmement*
connu quelle était la meilleure perception à l'aide de laquelle
nous puissions parvenir à notre perfection. Nous avons
troisièmement connu quel est la première voie dans laquelle
l'esprit doit s'engager pour bien commencer, laquelle est de
continuer de rechercher selon la norme d'une idée vraie
quelconque par des lois certaines. Pour que cela se fasse
droitement, voici ce que la Méthode doit fournir : *Premiè-*
rement, distinguer l'idée vraie de toutes les autres perceptions et

distinguere, et mentem a cæteris perceptionibus cohibere. *Secundo* tradere regulas, ut res incognitæ ad talem normam percipiantur. | *Tertio* ordinem constituere, ne inutilibus defatigemur. Postquam hanc Methodum novimus, vidimus *quarto* hanc Methodum perfectissimam futuram, ubi habuerimus ideam Entis perfectissimi. Unde initio illud erit maxime observandum, ut quanto ocius ad cognitionem talis Entis perveniamus.

| Incipiamus itaque a prima parte Methodi, quæ est, uti diximus, distinguere, et separare ideam veram a cæteris perceptionibus, et cohibere mentem, ne falsas, fictas, et dubias cum veris confundat : quod utcunque fuse hic explicare animus est, ut Lectores detineam in cogitatione rei adeo necessariæ, et etiam, quia multi sunt, qui vel de veris dubitant ex eo, quod non attenderunt ad distinctionem, quæ est inter veram perceptionem, et alias omnes. Adeo ut sint veluti homines, qui, cum vigilarent, non dubitabant se vigilare; sed postquam semel in somniis, ut sæpe fit, putarunt se certo vigilare, quod postea falsum esse reperiebant, etiam de suis vigiliis dubitarunt : quod contingit, quia nunquam distinxerunt inter somnum, et vigiliam. | Interim moneo, me hic essentiam uniuscujusque perceptionis, eamque per proximam suam causam non explicaturum, quia hoc ad Philosophiam pertinet, sed tantum traditurum id, quod Methodus postulat, id est, circa quæ perceptio ficta, falsa, et dubia versetur, et quomodo ab unaquaque liberabimur. Sic itaque prima inquisitio circa ideam fictam.

| Cum omnis perceptio sit vel rei, tanquam existentis consideratæ, vel solius essentiæ, et frequentiores fictiones contingant circa res, tanquam existentes, consideratas, ideo prius de hac loquar; scilicet ubi sola existentia fingitur,

contenir l'esprit loin des autres perceptions. *Deuxièmement,* enseigner des règles pour que les choses inconnues soient perçues selon une telle norme. *Troisièmement,* constituer un ordre afin que nous ne fatiguions pas à des choses inutiles. Après avoir pris connaissance de cette Méthode, nous avons vu *quatrièmement* que cette Méthode sera la plus parfaite, quand nous aurons l'idée de l'Etre le plus parfait. De là, au début, il nous faudra le plus veiller à parvenir d'autant plus vite à la connaissance d'un tel Etre.

| Commençons donc par la première partie de la Méthode **B50** qui, nous l'avons dit, est de distinguer et séparer l'idée vraie des autres perceptions et de contenir l'esprit, afin qu'il ne confonde pas les fausses, les fictives et les douteuses avec les vraies : ce qu'en tout cas j'ai dans l'esprit d'expliquer ici amplement, pour retenir les Lecteurs dans la pensée d'une chose si nécessaire, et aussi parce que nombreux sont ceux qui doutent même des vraies, du fait qu'ils n'ont pas fait attention à la distinction qui existe entre une perception vraie et toutes les autres. Si bien qu'ils sont comme des hommes qui, tant qu'ils étaient éveillés, ne doutaient pas d'être éveillés, mais qui, après avoir cru une fois, comme il arrive souvent, être certainement éveillés, ont, après avoir ensuite découvert que c'était faux, douté aussi de leurs veilles. | Entre-temps, je les **B51** avertis que je ne vais pas expliquer ici l'essence de chaque perception et l'expliquer par sa cause prochaine, parce que cela concerne la Philosophie, mais que je vais seulement enseigner ce que postule la Méthode, c'est-à-dire autour de quelles choses tourne la perception fictive, la fausse et la douteuse, et comment nous nous libérerons de chacune. Ainsi donc la première enquête tourne autour de l'idée feinte.

| Comme toute perception est, ou bien celle d'une chose **B52** considérée comme existante, ou bien d'une essence seule, et comme les fictions les plus fréquentes arrivent autour des choses considérées comme existantes, je parlerai donc d'abord de celle-ci, à savoir lorsque seule l'existence est feinte

et res, quæ in tali actu fingitur, intelligitur, sive supponitur
intelligi. Ex. gr. fingo Petrum, quem novi, ire domum, eum
me invisere, et ʳ similia. Hic quæro, circa quae talis idea versetur? Video eam tantum versari circa possibilia, non vero circa
B53 necessaria, neque circa impossibilia. | Rem impossibilem
voco, cujus natura implicat contradictionem, ut ea existat;
G20 necessariam, cujus natura implicat contradictionem, ut | ea
non existat; possibilem, cujus quidem existentia, ipsa sua
natura, non implicat contradictionem, ut existat, aut non
existat, sed cujus existentiæ necessitas, aut impossibilitas
pendet a causis nobis ignotis, quamdiu ipsius existentiam
fingimus; ideoque si ipsius necessitas aut impossibilitas,
quæ a causis externis pendet, nobis esset nota, nihil etiam de
B54 ea potuissemus fingere.| Unde sequitur, si detur aliquis Deus,
aut omniscium aliquid, nihil prorsus posse fingere. Nam, quod
ad Nos attinet, postquam ˢ novi me existere, non possum fingere
me existere, aut non existere ; nec etiam possum fingere
elephantem, qui transeat per acus foramen ; nec possum,
postquam ᵗ naturam Dei novi, fingere eum existentem, aut non
existentem : idem intelligendum est de Chimæra, cujus

r. Vide ulterius id, quod de hypothesibus notabimus, quæ a nobis clare
intelliguntur; sed in eo est fictio, quod dicamus, eas tales in corporibus
cœlestibus existere.

s. Quia res, modo ea intelligatur, se ipsam manifestat, ideo tantum
egemus exemplo sine alia demonstratione. Idemque erit hujus contra-
dictoria, quæ ut appareat esse falsa, tantum opus recenseri, uti statim
apparebit, quum de fictione circa essentiam loquemur.

t. Nota. Quamvis multi dicant se dubitare, an Deus existat, illos tamen
nihil præter nomen habere, vel aliquid fingere, quem Deum vocant : id quod
cum Dei natura non convenit, ut postea suo loco ostendam.

et que la chose qui est feinte dans un tel acte, est entendue ou est supposée être entendue. Par exemple, je feins que Pierre, que je connais, vient à la maison, me rend visite, et choses[r] semblables. Ici, je demande autour de quelles choses tourne une telle idée. Je vois qu'elle tourne seulement autour des possibles, assurément pas autour des nécessaires, ni autour des impossibles. | J'appelle impossible, une chose dont la nature **B53** implique contradiction ; nécessaire, celle dont la nature implique contradiction à ce qu'elle n'existe pas ; possible, celle dont l'existence, dans sa nature, n'implique certes pas contradiction à ce qu'elle existe ou n'existe pas, mais dont la nécessité, ou l'impossibilité d'existence dépend de causes ignorées de nous aussi longtemps que nous feignons son existence ; et, pour cela, si sa nécessité ou son impossibilité, qui dépend de causes externes, était connue de nous, nous ne pourrions non plus rien en feindre. | De là suit que, s'il y avait **B54** un Dieu ou quelque chose d'omniscient, il ne pourrait plus rien feindre du tout. Car, en ce qui nous concerne, après[s] avoir connu que j'existe, je ne peux pas feindre que j'existe ou que je n'existe pas ; je ne peux pas non plus feindre un éléphant qui passerait par le trou d'une aiguille ; et je ne peux, après[t] avoir connu la nature de Dieu, le feindre existant ou non existant : il faut entendre la même chose de la Chimère, dont

---

r. Vois plus loin ce que nous noterons sur les hypothèses qui sont clairement entendues de nous ; mais la fiction consiste en ce que nous disons qu'elles existent telles quelles dans les corps célestes.

s. Puisque la chose, pourvu qu'elle soit entendue, se manifeste elle-même, pour cela, nous avons seulement besoin d'un exemple, sans autre démonstration. Il en sera de même de sa contradictoire, à laquelle, pour qu'elle apparaisse être fausse, il faut seulement être passée en revue, comme cela apparaîtra aussitôt, lorsque nous parlerons de la fiction sur l'essence.

t. Note. Quoique beaucoup disent douter que Dieu existe, ils n'en ont cependant rien que le nom, ou ils feignent quelque chose qu'ils appellent Dieu : ce qui ne s'accorde pas avec la nature de Dieu, comme je le montrerai après en son lieu.

natura existere implicat. Ex quibus patet id, quod dixi, scilicet quod fictio, de qua hic loquimur, non contingit circa æternas[u] veritates. Statim etiam ostendam, quod nulla fictio

B55 versetur circa aeternas veritates. | Sed antequam ulterius pergam, hic obiter notandum est, quod illa differentia, quæ est inter essentiam unius rei, et essentiam alterius, ea ipsa sit inter actualitatem, aut existentiam ejusdem rei, et inter actualitatem, aut existentiam alterius rei. Adeo ut si existentiam ex. gr. Adami tantum per generalem existentiam concipere velimus, idem futurum sit, ac si, ad concipiendam ipsius essentiam, ad naturam entis attendamus, ut tandem definiamus, Adamus esse ens. Itaque quo existentia generalius concipitur, eo etiam confusius concipitur, faciliusque unicuique rei potest affingi : econtra, ubi particularius concipitur, clarius

G21 tum intelligitur, et | difficilius alicui, nisi rei ipsi, ubi non attendimus ad Naturæ ordinem, affingitur. Quod notatu dignum est.

B56 | Veniunt jam hic ea consideranda, quæ vulgo dicuntur fingi, quamvis clare intelligamus, rem ita sese non habere, uti eam fingimus. Ex. gr. quamvis sciam terram esse rotundam, nihil tamen vetat, quominus alicui dicam terram medium globum esse, et tanquam medium pomum auriacum in scutella, aut solem circum terram moveri, et similia. Ad hæc si attendamus, nihil videbimus, quod non cohæreat cum jam dictis, modo prius advertamus, nos aliquando potuisse

---

u. Per æternam veritatem talem intelligo, quæ, si est affirmativa, nunquam poterit esse negativa. Sic prima, et æterna veritas est, *Deum esse,* non autem est æterna veritas, *Adamus cogitare. Chimæram non esse,* est æterna veritas, non autem, *Adamum non cogitare.*

la nature implique contradiction à ce qu'elle existe. A partir de là, est manifeste ce que j'ai dit, à savoir que la fiction dont nous parlons ici n'arrive pas à propos des[u] vérités éternelles. Aussitôt, je montrerai aussi qu'aucune fiction ne tourne autour des vérités éternelles. | Mais, avant que j'aille plus **B55** loin, il faut noter ici en passant que cette différence qui est entre l'essence d'une chose et l'essence d'une autre, est celle-là même qui est entre l'actualité ou existence de cette même chose et l'actualité ou existence de l'autre chose. Si bien que, si nous voulions concevoir l'existence, par exemple d'Adam, à travers l'existence en général, ce serait la même chose que si, pour concevoir son essence, nous faisions attention à la nature de l'être pour finalement définir qu'Adam est un être. C'est pourquoi plus généralement l'existence est conçue, plus confusément aussi elle est conçue et plus facilement elle peut être assignée par fiction à chaque chose ; et au contraire, quand elle est conçue plus particulièrement, plus clairement elle est alors entendue, et plus difficilement elle est assignée par fiction à quelque chose (si ce n'est à la chose elle-même, lorsque nous ne faisons pas attention à l'ordre de la Nature). Ce qui est digne d'être noté.

| Devra maintenant être considéré ce qui est communément **B56** dit être feint, bien que nous entendions clairement qu'il n'en est pas de la chose comme nous la feignons être. Par exemple, bien que je sache que la terre est ronde, rien ne m'empêche cependant de dire à quelqu'un que la terre est un demi-globe et comme une demi-orange dans une soucoupe, ou que le soleil se meut autour de la terre, et choses semblables. Si nous faisons attention à ces choses, nous ne verrons rien qui ne soit cohérent avec ce qui a déjà été dit, pourvu que nous

---

u. Par vérité éternelle, j'entends celle qui est telle que, si elle est affirmative, elle ne pourra jamais être négative. Ainsi, c'est une vérité première et éternelle que *Dieu est,* mais ce n'est pas une vérité éternelle qu'*Adam pense.* Que *la Chimère n'est pas,* est une vérité éternelle, mais non qu'*Adam ne pense pas.*

errare, et jam errorum nostrorum esse conscios ; deinde quod possumus fingere, aut ad minimum putare, alios homines in eodem esse errore, aut in eum, ut nos antehac, posse incidere. Hoc, inquam, fingere possumus, quamdiu nullam videmus impossibilitatem, nullamque necessitatem : Quando itaque alicui dico, terram non esse rotundam, etc., nihil aliud ago, quam in memoriam revoco errorem, quem forte habui, aut in quem labi potui, et postea fingo, aut puto eum, cui hoc dico, adhuc esse, aut posse labi in eundem errorem. Quod, ut dixi, fingo, quamdiu nullam video impossibilitatem, nullamque necessitatem : hanc vero si intellexissem, nihil prorsus fingere potuissem, et tantum dicendum fuisset, me aliquid operatum esse.

B 57 | Superest jam, ut ea etiam notemus, quæ in Quæstionibus supponuntur ; id quod passim etiam contingit circa impossibilia. Ex. gr. quum dicimus : supponamus hanc candelam ardentem jam non ardere, aut supponamus eam ardere in aliquo spatio imaginario, sive ubi nulla dantur corpora : Quorum similia passim supponuntur, quamvis hoc ultimum clare intelligatur impossibile esse ; sed quando hoc fit, nihil prorsus fingitur. Nam primo nihil aliud egi, quam
G 22   quod[x] in | memoriam revocavi aliam candelam non

---

x. Postea cum de fictione, quæ versatur circa essentias, loquemur, clare apparebit, quod fictio nunquam aliquid novi facit, aut menti præbet ; sed quod tantum ea, quæ sunt in cerebro, aut in imaginatione, revocantur ad memoriam, et quod confuse ad omnia simul mens attendit. Revocantur ex. gr. in memoriam loquela, et arbor, et cum mens confuse attendit sine distinctione, putat arborem loqui. Idem de existentia intelligitur, præsertim, uti diximus, cum adeo generaliter, ac ens, concipitur : quia tum facile applicatur omnibus, quæ simul in memoria occurrunt. Quae notatu valde dignum est.

remarquions d'abord que nous avons pu quelquefois être dans l'erreur et que nous sommes désormais conscients de nos erreurs ; ensuite, que nous pouvons feindre ou au moins estimer que d'autres hommes sont dans la même erreur ou qu'ils peuvent y tomber, comme nous auparavant. Cela, dis-je, nous pouvons le feindre, tant que nous ne voyons aucune impossibilité, ni aucune nécessité : quand donc je dis à quelqu'un que la terre n'est pas ronde, etc., je ne fais rien d'autre que de rappeler en ma mémoire une erreur qui, par hasard, a été mienne, ou dans laquelle j'ai pu tomber, et ensuite je feins ou j'estime que celui à qui je dis cela, reste jusqu'ici ou peut tomber dans la même erreur. Ce que, comme j'ai dit, je feins tant que je ne vois aucune impossibilité, ni aucune nécessité : mais, si j'avais entendu celle-ci, je n'aurais plus rien pu feindre du tout, et il aurait fallu seulement dire que j'avais opéré quelque chose.

| Il nous reste maintenant à noter aussi les choses qui sont **B57** supposées dans les Questions ; ce qui arrive aussi çà et là à propos des impossibles. Par exemple, quand nous disons : supposons que cette chandelle qui brûle, ne brûle pas, ou supposons qu'elle brûle dans quelque espace imaginaire, ou là où il n'y a aucun corps : des choses semblables à celles-là sont çà et là supposées, bien que cette dernière soit clairement entendue comme impossible ; mais, quand cela arrive, rien n'est du tout feint. Car, dans le premier cas, je n'ai rien fait d'autre que [x] rappeler dans ma mémoire une autre chandelle ne

---

x. Ensuite, quand nous parlerons de la fiction qui tourne autour des essences, il apparaîtra clairement que jamais la fiction ne fait ou n'offre à l'esprit rien de nouveau, mais que seulement les choses qui sont dans le cerveau ou dans l'imagination, sont rappelées dans la mémoire, et que l'esprit fait attention à toutes confusément en même temps. P. ex., sont rappelés dans la mémoire une parole et un arbre ; et comme l'esprit fait attention à eux confusément et sans distinction, il estime que l'arbre parle. La même chose est entendue de l'existence, surtout, comme nous l'avons dit, lorsqu'elle est conçue aussi généralement que l'être : parce qu'alors elle est facilement appliquée à toutes les choses qui surgissent en même temps dans la mémoire. Ce qui est fort digne d'être noté.

ardentem (aut hanc eandem concepi sine flamma), et, quod cogito de ea candela, id ipsum de hac intelligo, quamdiu ad flammam non attendo. In secundo nihil aliud fit, quam abstrahere cogitationes a corporibus circumjacentibus, ut mens se convertat ad solam candelæ, in se sola spectatæ, contemplationem, ut postea concludat candelam nullam habere causam ad sui ipsius destructionem. Adeo ut si nulla essent corpora circumjacentia, candela hæc, ac etiam flamma manerent immutabiles, aut similia : Nulla igitur datur hic fictio, sed [y] veræ, ac meræ assertiones.

B58 | Transeamus jam ad fictiones, quæ versantur circa essentias solas, vel cum aliqua actualitate, sive existentia simul. Circa quas hoc maxime venit considerandum : quod, quo mens minus intelligit, et tamen plura percipit, eo majorem habeat potentiam fingendi, et quo plura intelligit, eo magis illa potentia diminuatur. Eodem ex. gr. modo, quo supra vidimus, nos non posse fingere, quamdiu cogitamus, nos cogitare, et non cogitare, sic etiam, postquam novimus naturam corporis, non possumus fingere muscam infinitam ; sive postquam novimus naturam [z] animae, non possumus

y. Idem etiam de hypothesibus intelligendum, quæ fiunt ad certos motus explicandum, qui conveniunt cum cœlorum phænomenis, nisi quod ex iis, si motibus cœlestibus applicentur, naturam cœlorum concludant, quæ tamen alia potest esse, præsertim cum ad explicandum tales motus multæ aliæ causæ possint concipi.

z. Sæpe contingit, hominem hanc vocem *anima* ad suam memoriam revocare, et simul aliquam corpoream imaginem formare. Cum vero hæc duo simul repræsentantur, facile putat se imaginari, et fingere animam corpoream : quia nomen a re ipsa non distinguit. Hic postulo, ut lectores non sint præcipites ad hoc refutandum, quod, ut spero, non facient, modo ad exempla quam accurate attendant, et simul ad ea, quæ sequuntur.

brûlant pas (ou concevoir cette même chandelle sans flamme),
et qu'entendre de celle-ci cela même que je pense de cette
chandelle-là, aussi longtemps que je ne fais pas attention à la
flamme. Dans la second cas, rien d'autre ne se fait qu'abstraire
sa pensée des corps environnants, de sorte que l'esprit se
tourne vers la seule contemplation de la chandelle, considérée
seule en elle-même, pour conclure après que la chandelle n'a
aucune cause pour sa propre destruction. Si bien que, s'il n'y
avait aucun corps environnant, cette chandelle et aussi cette
flamme resteraient immuables, ou choses semblables : il n'y a
donc ici aucune fiction, mais [y] vraies et pures assertions.

|Passons maintenant aux fictions qui tournent autour des   **B58**
essences seules, ou avec en même temps quelque actualité ou
existence. A leur propos, voici ce qui devra le plus être considéré
: moins l'esprit entend et plus cependant il perçoit de choses,
plus il a une grande puissance de feindre, et plus il entend
de choses, plus cette puissance est diminuée. Par exemple,
de la même manière que nous avons vu ci-dessus que nous
ne pouvons pas feindre, tant que nous pensons, que nous
pensons et que nous ne pensons pas, de même aussi, après
avoir connu la nature d'un corps, nous ne pouvons feindre une
mouche infinie, ou, après avoir connu la nature [z] de l'âme,

y. La même chose doit aussi être entendue à propos des hypothèses qui
sont faites pour expliquer de certains mouvements qui conviennent avec les
phénomènes des cieux, si ce n'est qu'à partir d'elles, si elles sont appliquées
aux mouvements célestes, ils en concluent la nature des cieux, qui peut
cependant être autre, surtout lorsque, pour expliquer de tels mouvements,
beaucoup d'autres causes peuvent être conçues.

z. Il arrive souvent qu'un homme rappelle dans sa mémoire ce son
« âme », et forme en même temps quelque image corporelle. Mais comme
ces deux choses sont représentées ensemble, il estime facilement imaginer et
feindre une âme corporelle : parce qu'il ne distingue pas le nom de la chose
elle-même. Ici, je demande que les lecteurs ne se précipitent pas pour réfuter
cela, ce que, comme j'espère, ils ne feront pas, pourvu qu'ils fassent
attention le plus soigneusement possible aux exemples, et en même temps aux
choses qui suivent.

fingere eam esse quadratam, quamvis omnia verbis possimus effari. Sed, uti diximus, quo minus homines norunt Naturam, eo facilius multa possunt fingere; veluti, arbores loqui, homines in momento mutari in lapides, in fontes, apparere in speculis spectra, nihil fieri aliquid, etiam Deos in bestias, et homines mutari, ac infinita ejus generis alia.

B59 | | Aliquis forte putabit, quod fictio fictionem terminat, sed non intellectio; hoc est, postquam finxi aliquid, et quadam libertate volui assentiri, id sic in rerum natura existere, hoc efficit, ut postea non possimus id alio modo cogitare. Ex. gr. postquam finxi (ut cum iis loquar) naturam corporis talem, mihique ex mea libertate persuadere volui, eam sic realiter existere, non amplius licet muscam v. g. infinitam fingere, et postquam finxi essentiam animæ, eam

B60   quadrare non possum, etc. | Sed hoc examinandum. Primo : vel negant, vel concedunt nos aliquid posse intelligere. Si concedunt, necessario id ipsum, quod de fictione dicunt, etiam de intellectione dicendum erit. Si vero hoc negant, videamus nos, qui scimus, nos aliquid scire, quid dicant. Hoc scilicet dicunt, animam posse sentire, et multis modis percipere non se ipsam, neque res, quæ existunt, sed tantum ea, quæ nec in se, nec ullibi sunt, hoc est, animam posse sola sua vi creare sensationes, aut ideas, quæ non sunt rerum ; adeo ut ex parte eam, tanquam Deum considerent. Porro dicunt, nos, aut animam nostram talem habere libertatem, ut nosmet, aut se, imo suam ipsam libertatem cogat : Nam postquam ea aliquid finxit, et assensum ei præbuit, non potest id alio modo cogitare, aut fingere, et etiam ea fictione

nous ne pouvons feindre qu'elle est carrée, bien que nous puissions énoncer toutes choses par des mots. Mais, comme nous l'avons dit, moins les hommes ont connaissance de la Nature, plus facilement ils peuvent feindre beaucoup de choses, comme que des arbres parlent, que des hommes sont changés en un instant en pierres, en sources, que des spectres apparaissent dans des miroirs, que rien devient quelque chose, que des Dieux se changent en bêtes, et en hommes, et une infinité d'autres choses de ce genre.

| Quelqu'un pensera par hasard que la fiction met un terme **B 59** à la fiction, mais non l'intellection ; c'est-à-dire qu'après avoir feint quelque chose et après avoir voulu, par une certaine liberté, donner mon assentiment à ce que cela existe ainsi dans la nature, cela fait que nous ne pouvons pas ensuite le penser autrement. Par exemple, après avoir feint (pour parler avec eux) telle nature du corps et avoir voulu à partir de ma liberté me persuader qu'elle existait réellement ainsi, il n'est plus davantage permis de feindre, par exemple, une mouche infinie, et après avoir feint l'essence de l'âme, je ne peux la faire carrée, etc. | Mais ceci doit être examiné. Premièrement : **B 60** ou ils nient, ou ils concèdent que nous pouvons entendre quelque chose. S'ils le concèdent, cela même qu'ils disent de la fiction, il faut nécessairement le dire aussi de l'intellection. Mais, s'ils le nient, voyons, nous qui nous savons savoir quelque chose, ce qu'ils disent. A savoir, ils disent ceci, que l'âme peut sentir et percevoir de beaucoup de manières, non elle-même, ni les choses qui existent, mais seulement celles qui ne sont ni en elle, ni nulle part, c'est-à-dire que l'âme peut créer par sa seule force des sensations, ou des idées qui ne sont pas idées de choses ; si bien qu'ils la considèrent en partie comme un Dieu. En outre, ils disent que nous ou notre âme a une telle liberté de contraindre nous-mêmes, ou elle, bien mieux, sa propre liberté : car, après avoir feint quelque chose et lui avoir donné son assentiment, elle ne peut le penser ou le feindre d'une autre manière, et elle est

cogitur ut etiam alia tali modo cogitentur, ut prima fictio non oppugnetur; sicut hic etiam coguntur absurda, quæ hic recenseo, admittere propter suam fictionem; ad quæ

B61 explodanda, non defatigabimur ullis demonstrationibus [a']. |

Sed eos in suis deliriis linquendo, curabimus, ut ex verbis, quæ cum ipsis fecimus, aliquid veri ad nostram rem hauriamus, nempe hoc : Mens, cum ad rem fictam, et sua natura falsam attendit, ut eam pensitet, et intelligat, bonoque ordine ex ea deducat, quæ sunt deducenda, facile falsitatem

G24 patefaciet; et si res ficta sua natura sit | vera, cum mens ad eam attendit, ut eam intelligat, et ex ea bono ordine incipit deducere, quae inde sequuntur, feliciter perget sine ulla interruptione, sicut vidimus, quod ex falsa fictione, modo allata, statim ad ostendendam ejus absurditatem, et alias inde deductas, præbuit se intellectus.

B62 | Nullo ergo modo timendum erit, nos aliquid fingere, si modo clare, et distincte rem percipiamus : nam si forte dicamus homines in momento mutari in bestias, id valde generaliter dicitur; adeo ut nullus detur conceptus, id est idea, sive cohærentia subjecti, et prædicati in mente : si enim daretur, simul videret medium, et causas, quo, et cur tale quid

a'. Quamvis hoc experientia videar concludere, et quis dicat id nil esse, quia deficit demonstratio, eam, si quis desiderat, sic habeat. Cum in natura nihil possit dari, quod ejus leges oppugnet, sed cum omnia secundum certas ejus leges fiant, ut certos, certis legibus, suos producant effectus irrefragabili concatenatione : hinc sequitur, quod anima, ubi rem vere concipit, perget objective eosdem effectus formare. Vide infra, ubi de idea falsa loquor.

aussi contrainte par cette fiction de faire que soient aussi pensées d'autres choses d'une telle manière que la première fiction ne soit pas battue en brèche ; comme, ici aussi, ils sont contraints d'admettre, du fait de leur fiction, les absurdités que je recense ici ; pour les rejeter, nous ne nous fatiguerons à aucune démonstration. | Mais, en les laissant dans leurs **B 61** délires, nous prendrons soin de puiser dans les mots que nous avons échangés avec eux, quelque chose de vrai pour notre affaire, n'est-ce pas ?, ceci[a'] : l'esprit, quand il fait attention à une chose fictive, et fausse de sa nature, pour la soupeser et l'entendre, et pour en déduire dans le bon ordre les choses qui doivent être déduites, rendra facilement manifeste la fausseté ; et si la chose fictive est vraie de sa nature, lorsque l'esprit y fait attention pour l'entendre et commence à déduire dans le bon ordre les choses qui en suivent, il continuera heureusement sans aucune interruption, comme nous avons vu qu'à partir de la fiction fausse qui vient d'être mentionnée, l'entendement s'offre aussitôt pour montrer son absurdité et celle des autres qui en sont déduites.

| Il n'y aura donc d'aucune manière à craindre que nous ne **B 62** feignions quelque chose, pourvu que nous percevions la chose clairement et distinctement : car, si nous disons par hasard que des hommes sont changés en un instant en bêtes, cela est dit fort généralement ; si bien qu'il n'y a aucun concept, c'est-à-dire idée, ou cohérence du sujet et du prédicat dans l'esprit : car, si elle était donnée, il verrait en même temps le moyen et les causes par où et pourquoi un tel quelque

---

a'. Quoique je paraisse conclure cela de l'expérience, et si quelqu'un dit que cela n'est rien puisque fait défaut la démonstration, que, s'il le désire, il l'ait ainsi. Comme dans la nature, il ne peut rien y avoir qui batte ses lois en brèche, mais comme toutes choses se font suivant ses lois certaines, de telle sorte qu'elles produisent, par des lois certaines, leurs effets certains dans un enchaînement irréfragable, il s'ensuit que l'âme, quand elle conçoit véritablement la chose, continuera à former objectivement ces mêmes effets. Vois ci-dessous, là où je parle de l'idée fausse.

factum sit. Deinde nec ad naturam subjecti, et prædicati
B63 attenditur. | Porro, modo prima idea non sit ficta, et ex ea
cæteræ omnes ideæ deducantur, paulatim præcipitantia
fingendi evanescet; deinde cum idea ficta non possit esse
clara, et distincta, sed solummodo confusa, et omnis confusio
inde procedat, quod mens rem integram, aut ex multis
compositam, tantum ex parte noscat, et notum ab ignoto non
distinguat: præterea quod ad multa, quæ continentur in
unaquaque re, simul attendat sine ulla distinctione, inde
sequitur primo, quod si idea sit alicujus rei simplicissimæ, ea
non nisi clara, et distincta poterit esse: Nam res illa non ex
B64 parte, sed tota, aut nihil ejus innotescere debebit. | Sequitur
secundo, quod si res, quæ componitur ex multis, in
partes omnes simplicissimas cogitatione dividatur, et ad
unamquamque seorsim attendatur, omnis tum confusio
evanescet. Sequitur tertio, quod fictio non possit esse
simplex, sed quod fiat ex compositione diversarum idearum
confusarum, quæ sunt diversarum rerum, atque actionum, in
Natura existentium; vel melius ex attentione [b'] simul sine
assensu ad tales diversas ideas: Nam si esset simplex, esset
clara, et distincta, et per consequens vera. Si ex compositione
G25 idearum distinctarum, esset etiam earum | compositio clara, et
distincta, et proinde vera. Ex. gr. postquam novimus naturam
circuli, et etiam naturam quadrati, jam non possumus

---

b'. N.B. Quod fictio in se spectata non multum differat a somnio, nisi
quod in somniis non offerantur causæ, quæ vigilantibus ope sensuum
offeruntur: ex quibus colligunt illa repræsentamina illo tempore non
repræsentari a rebus extra se constitutis. Error autem, ut statim apparebit, est
vigilando somniare; et, si sit admodum manifestus, delirium vocatur.

chose s'est fait. Ensuite, on ne fait pas non plus attention à la nature du sujet et du prédicat. | En outre, pourvu que la **B63** première idée ne soit pas fictive et que toutes les autres idées en soient déduites, peu à peu la précipitation à feindre s'évanouira ; ensuite, comme l'idée fictive ne peut être claire et distincte, mais seulement confuse, et comme toute confusion procède de ce que l'esprit connaît seulement en partie une chose formant un tout ou composée de beaucoup de choses, et ne distingue pas le connu de l'inconnu, parce qu'en plus il fait attention en même temps sans aucune distinction à beaucoup de choses qui sont contenues dans chaque chose, il s'ensuit premièrement que, si l'idée est l'idée de quelque chose de très simple, elle ne peut être que claire et distincte : car cette chose devra se faire connaître, non en partie, mais toute entière ou en rien. | Il s'ensuit, deuxièmement, que si la chose qui est **B64** composée de beaucoup de choses, est divisée par la pensée en parties toutes très simples, et si on fait attention à chacune séparément, toute confusion alors s'évanouira. Il s'ensuit, troisièmement, qu'une fiction ne peut être simple, mais qu'elle se fait à partir de la composition de diverses idées confuses, qui sont celles de diverses choses, et actions existant dans la Nature, ou, mieux, à partir d'une attention [b'], en même temps, sans assentiment, portée à de telles idées diverses : car, si elle était simple, elle serait claire et distincte, et par conséquent vraie. Si c'était à partir de la composition d'idées distinctes, leur composition serait aussi claire et distincte, et par suite vraie. Par exemple, après avoir connu la nature du cercle et aussi la nature du carré, nous ne pouvons plus

---

[b']. N.B. Que la fiction considérée en elle-même ne diffère pas beaucoup du songe, si ce n'est que dans les songes ne se présentent pas les causes qui se présentent à ceux qui sont éveillés par l'aide des sens, ils en infèrent que ces représentations ne sont pas représentées à ce moment à partir de choses constituées hors d'eux. Quant à l'erreur, comme il apparaîtra aussitôt, elle consiste à rêver en étant éveillé ; et, si elle est tout à fait manifeste, elle est appelée délire.

ea duo componere, et circulum facere quadratum, aut animam
B65 quadratam, et similia. | Concludamus iterum breviter, et
videamus quomodo fictio nullo modo sit timenda, ut ea cum
veris ideis confundatur. Nam quoad primam, de qua prius
locuti sumus, ubi scilicet res clare concipitur, vidimus, quod
si ea res, quæ clare concipitur, et etiam ipsius existentia sit per
se æterna veritas, nihil circa talem rem poterimus fingere ; sed
si existentia rei conceptæ non sit æterna veritas, tantum est
curandum, ut existentia rei cum ejus essentia conferatur, et
simul ad ordinem Naturæ attendatur. Quoad secundam
fictionem, quam diximus esse simul attentionem sine assensu
ad diversas ideas confusas, quæ sunt diversarum rerum, atque
actionum, in Natura existentium; vidimus etiam rem
simplicissimam non posse fingi, sed intelligi, et etiam rem
compositam, modo ad partes simplicissimas, ex quibus
componitur, attendamus ; imo nec ex ipsis ullas actiones, quæ
veræ non sunt, nos posse fingere : Nam simul cogemur
contemplari, quomodo, et cur tale quid fiat.

B66 | His sic intellectis, transeamus jam ad inquisitionem ideæ
falsæ, ut videamus, circa quæ versetur, et quomodo nobis
possimus cavere ne in falsas perceptiones incidamus. Quod
utrumque non erit nobis jam difficile post inquisitionem ideæ
fictæ : Nam inter ipsas nulla alia datur differentia, nisi quod hæc
supponat assensum, hoc est (uti jam notavimus), quod nullæ
offeruntur causæ, dum repræsentamina ipsi offeruntur, quibus,
sicut fingens, possit colligere, ea non oriri a rebus extra se, et
quod fere nihil aliud sit, quam oculis apertis, sive dum
vigilamus, somniare.

composer les deux et faire un cercle carré, ou une âme carrée, et choses semblables. | Concluons de nouveau brièvement et **B65** voyons comment il ne faut d'aucune manière craindre que la fiction ne se confonde avec des idées vraies. En effet, en ce qui concerne la première dont nous avons parlé, à savoir quand la chose est conçue clairement, nous voyons que, si cette chose qui est conçue clairement et si aussi sa propre existence est par soi une vérité éternelle, nous ne pourrons rien feindre autour d'une telle chose ; mais que, si l'existence de la chose conçue n'est pas une vérité éternelle, il faut seulement avoir soin que l'existence de la chose soit rapportée à son essence et, en même temps, qu'il soit porté attention à l'ordre de la Nature. En ce qui concerne la seconde fiction, dont nous avons dit qu'elle était une attention sans assentiment portée en même temps à diverses idées confuses qui sont idées de choses et d'actions diverses existant dans la Nature, nous avons vu aussi qu'une chose très simple ne peut être feinte, mais entendue, et aussi une chose composée, pourvu que nous portions attention aux parties très simples dont elle est composée ; bien plus, que nous ne pouvons, à partir d'elles-mêmes, feindre des actions qui ne soient pas vraies : car, en même temps, nous sommes contraints de contempler comment et pourquoi un tel quelque chose se fait.

| Ces choses ainsi entendues, passons maintenant à **B66** l'investigation sur l'idée fausse, pour voir autour de quoi elle tourne et comment nous pouvons nous garder de tomber dans des perceptions fausses. Ni l'un, ni l'autre ne nous sera maintenant difficile après l'enquête sur l'idée fictive : car il n'y a entre elles aucune différence, si ce n'est que celle-ci suppose un assentiment, c'est-à-dire (comme nous l'avons déjà noté) suppose que, pendant que des représentations s'offrent à lui-même, nulles causes ne s'offrent dont il puisse, comme lorsqu'il feint, inférer qu'elles ne viennent pas de choses hors de lui, et que ce n'est là presque rien d'autre que rêver les yeux ouverts, ou pendant que nous sommes éveillés.

Versatur itaque idea falsa, vel (ut melius loquar) refertur ad existentiam rei, cujus essentia cognoscitur, sive circa essentiam eodem modo, ac idea ficta. | Quae ad existentiam refertur, emendatur eodem modo, ac fictio : nam si natura rei notæ supponat existentiam necessariam, impossibile est, ut circa existentiam illius rei fallamur; sed si existentia rei non sit æterna veritas, uti est ejus essentia, sed quod necessitas, aut impossibilitas existendi pendeat a causis externis, tum | cape omnia eodem modo, quo diximus, cum de fictione sermo esset : nam eodem modo emendatur. | Quod attinet ad alteram, quæ ad essentias refertur, vel etiam ad actiones, tales perceptiones necessario semper sunt confusæ, compositæ ex diversis confusis perceptionibus rerum in Natura existentium, ut cum hominibus persuadetur, in silvis, in imaginibus, in brutis, et cæteris adesse numina ; dari corpora, ex quorum sola compositione fiat intellectus ; cadavera ratiocinari, ambulare, loqui ; Deum decipi, et similia ; sed ideæ, quæ sunt claræ, et distinctæ, nunquam possunt esse falsæ : Nam ideæ rerum, quæ clare, et distincte concipiuntur, sunt vel simplicissimæ, vel compositæ ex ideis simplicissimis, id est, a simplicissimis ideis deductæ. Quod vero idea simplicissima non queat esse falsa, poterit unusquisque videre, modo sciat, quid sit verum, sive intellectus, et simul quid falsum.

| Nam, quod id spectat, quod formam veri constituit, certum est, cogitationem veram a falsa non tantum per denominationem extrinsecam, sed maxime per intrinsecam distingui. Nam si quis faber ordine concepit fabricam aliquam, quamvis talis fabrica nunquam existerit, nec etiam unquam exstitura sit, ejus nihilominus cogitatio vera est, et cogitatio eadem est, sive fabrica existat, sive minus ; et contra si aliquis dicit, Petrum ex. gr. existere, nec tamen scit,

C'est pourquoi l'idée fausse tourne ou (pour mieux parler) se rapporte à l'existence de la chose dont l'essence est connue, ou sur l'essence, de la même manière que l'idée fictive. | Celle qui se **B67** rapporte à l'existence est corrigée de la même manière que la fiction : car, si la nature de la chose connue suppose l'existence nécessaire, il est impossible que nous nous trompions sur l'existence de cette chose ; mais, si l'existence de la chose n'est pas une vérité éternelle, comme l'est son essence, mais parce que la nécessité, ou l'impossibilité d'exister dépend de causes externes, reprends alors tout de la même manière que celle dont nous avons usé lorsque le discours traitait de la fiction : car c'est de la même manière qu'elle est corrigée. | En ce qui concerne **B68** l'autre qui se rapporte aux essences, ou aussi aux actions, de telles perceptions sont toujours nécessairement confuses, composées de diverses perceptions confuses de choses existant dans la Nature, comme lorsque les hommes se laissent persuader que des divinités sont présentes dans des forêts, des images, des bêtes et d'autres choses, qu'il y a des corps par la seule composition desquels est fait l'entendement, que des cadavres raisonnent, marchent, parlent, que Dieu se dupe, et choses semblables ; mais les idées qui sont claires, et distinctes, ne peuvent jamais être fausses, car les idées des choses qui sont conçues clairement et distinctement sont ou bien très simples, ou bien composées à partir d'idées très simples, c'est-à-dire déduites d'idées très simples. Et qu'une idée très simple ne puisse être fausse, chacun pourra le voir, pourvu qu'il sache ce qu'est le vrai, ou l'entendement, et en même temps ce qu'est le faux.

| Car, en ce qui regarde ce qui constitue la forme du vrai, il **B69** est certain que la pensée vraie se distingue de la fausse, non pas tant par une dénomination extrinsèque, mais le plus par une intrinsèque. Car, si un ouvrier conçoit un ouvrage avec ordre, bien qu'un tel ouvrage n'ait jamais existé, et même ne doive jamais exister, sa pensée n'en est pas moins vraie et sa pensée est la même, que l'ouvrage existe ou non ; et, au contraire, si quelqu'un dit que Pierre, par exemple, existe et ne sait

Petrum existere, illa cogitatio respectu illius falsa est, vel, si
mavis, non est vera, quamvis Petrus revera existat. Nec hæc
enunciatio, Petrus existit, vera est, nisi respectu illius, qui
certo scit, Petrum existere. | Unde sequitur in ideis dari
aliquid reale, per quod veræ a falsis distinguuntur : quod idem
jam investigandum erit, ut optimam veritatis normam
habeamus (ex data enim veræ ideæ norma nos nostras
cogitationes debere determinare diximus, methodumque
cognitionem esse reflexivam), et proprietates intellectus
noscamus ; nec dicendum hanc differentiam ex eo oriri, quod
cogitatio vera est res cognoscere per primas suas causas, in
quo quidem a falsa valde differret, prout eandem supra
explicui : Cogitatio enim vera etiam dicitur, quæ essentiam
alicujus principii objective involvit, quod causam non habet,
et per se, et in se cogniscitur. | Quare forma veræ cogitationis
in eadem | ipsa cogitatione sine relatione ad alias debet esse
sita ; nec objectum tanquam causam agnoscit, sed ab ipsa
intellectus potentia, et natura pendere debet. Nam si
supponamus, intellectum ens aliquod novum percepisse,
quod nunquam exstitit, sicut aliqui Dei intellectum
concipiunt, antequam res crearet (quæ sane perceptio a nullo
objecto oriri potuit), et ex tali perceptione alias legitime
deducere, omnes illæ cogitationes veræ essent, et a nullo
objecto externo determinatæ, sed a sola intellectus potentia, et
natura dependerent. Quare id, quod formam veræ cogitationis
constituit, in ipsa eadem cogitatione est quærendum, et ab
intellectus natura deducendum. | Hoc igitur ut investigetur,
ideam aliquam veram ob oculos ponamus, cujus objectum
maxime certo scimus a vi nostra cogitandi pendere, nec
objectum aliquod in Natura habere : in tali enim idea, ut

pas cependant si Pierre existe, cette pensée est de son point de vue fausse ou, si tu préfères, n'est pas vraie, bien que Pierre existe en vérité. Et cet énoncé « Pierre existe » n'est pas vrai, sauf du point de vue de celui qui sait certainement que Pierre existe. | D'où il suit qu'il y a dans les idées quelque chose de **B70** réel par quoi les vraies se distinguent des fausses : ce sur quoi il faudra désormais mener l'investigation, afin que nous ayons la meilleure norme de la vérité (nous avons, en effet, dit que nous devons déterminer nos pensées à partir de la norme de l'idée vraie, et que la méthode est connaissance réflexive) et afin que nous connaissions les propriétés de l'entendement ; et il ne faut pas dire que cette différence naît de ce que la pensée vraie consiste à connaître les choses par leurs causes premières, ce en quoi, certes, elle diffère fort de la fausse telle que je l'ai expliquée plus haut : en effet, une pensée est aussi dite vraie, qui enveloppe objectivement l'essence d'un principe qui n'a pas de cause et qui est connu par soi et en soi. | C'est **B71** pourquoi la forme de la pensée vraie doit être située dans cette même pensée elle-même sans relation avec d'autres ; et elle ne reconnaît pas un objet comme cause, mais doit dépendre de la puissance même et de la nature de l'entendement. Si nous supposons, en effet, qu'un entendement a perçu un être nouveau qui n'a jamais existé, comme certains conçoivent l'entendement de Dieu avant qu'il ait créé les choses (entendement qui assurément n'a pu naître d'aucun objet), et que, à partir d'une telle perception, il en a légitimement déduit d'autres, toutes ces pensées seraient vraies, et déterminées par aucun objet externe, mais dépendraient de la seule puissance et nature de l'entendement. C'est pourquoi, ce qui constitue la forme de la pensée vraie, il faut le chercher dans cette même pensée elle-même, et le déduire de la nature de l'entendement. | Pour mener cette investigation, posons donc devant nos **B72** yeux une idée vraie, dont nous savons certainement le plus que son objet dépend de notre force de penser et qu'elle n'a pas quelque objet dans la Nature : en effet, dans une telle idée,

ex jam dictis patet, facilius id, quod volumus, investigare poterimus. Ex. gr. ad formandum conceptum globi fingo ad libitum causam, nempe semicirculum circa centrum rotari, et ex rotatione globum quasi oriri. Hæc sane idea vera est, et quamvis sciamus nullum in Natura globum sic unquam ortum fuisse, est hæc tamen vera perceptio, et facillimus modus formandi globi conceptum. Jam notandum hanc perceptionem affirmare semicirculum rotari, quæ affirmatio falsa esset, si non esset juncta conceptui globi, vel causæ talem motum determinantis, sive absolute, si hæc affirmatio nuda esset. Nam tum mens tantum tenderet ad affirmandum solum semicirculi motum, qui nec in semicirculi conceptu continetur, nec ex conceptu causæ motum determinantis oritur. Quare falsitas in hoc solo consistit, quod aliquid de aliqua re affirmetur, quod in ipsius, quem formavimus, conceptu, non continetur, ut motus, vel quies de semicirculo. Unde sequitur simplices cogitationes non posse non esse veras, ut simplex semicirculi, motus, quantitatis, etc. idea. Quicquid hæ affirmationis continent, earum adæquat conceptum nec ultra se extendit ; quare nobis licet ad libitum sine B73 ullo erroris scrupulo ideas simplices formare. | Superest igitur tantum quærere, qua potentia mens nostra eas formare possit, et quousque ea potentia se extendat : hoc enim invento facile videbimus   summam,   ad   quam   possumus   pervenire, G28 cognitionem. | Certum enim est hanc ejus potentiam se non extendere in infinitum : Nam cum aliquid de aliqua re affirmamus, quod in conceptu, quem de ea formamus, non continetur, id defectum nostræ perceptionis indicat, sive quod mutilatas quasi, et truncatas habemus cogitationes, sive ideas.

comme c'est manifeste par ce qui a déjà été dit, nous pourrons plus facilement mener l'investigation que nous voulons. Par exemple, pour former le concept de sphère, je feins arbitrairement une cause, qu'un demi-cercle tourne autour de son centre, n'est-ce pas ?, et que, de cette rotation, naît pour ainsi dire la sphère. Cette idée est assurément vraie et, bien que nous sachions que nulle sphère n'est née ainsi dans la Nature, cette perception est cependant vraie et est la manière la plus facile de former le concept de sphère. Il faut maintenant noter que cette perception affirme que le demi-cercle fait une rotation, laquelle affirmation serait fausse, si elle n'était jointe au concept de sphère, ou à celui de la cause déterminant un tel mouvement, ou, absolument, si cette affirmation était nue. Car, alors, l'esprit ne tendrait qu'à affirmer le seul mouvement du demi-cercle, mouvement qui n'est pas contenu dans le concept de demi-cercle, mais naît du concept de la cause déterminant le mouvement. C'est pourquoi la fausseté consiste en cela seul qu'est affirmé, au sujet de quelque chose, quelque chose qui n'est pas contenu dans le concept même que nous en avons formé, comme le mouvement ou le repos au sujet du demi-cercle. D'où il suit que les pensées simples ne peuvent pas ne pas être vraies, comme l'idée simple de demi-cercle, de mouvement, de quantité, etc. Tout ce qu'elles contiennent d'affirmation égale leur concept et ne s'étend pas plus loin ; c'est pourquoi il nous est permis de former arbitrairement sans aucune crainte d'erreur des idées simples. | Il reste donc B73 seulement à chercher par quelle puissance notre esprit peut les former et jusqu'où s'étend cette puissance : en effet, cela trouvé, nous verrons facilement la connaissance suprême à laquelle nous pouvons parvenir. Il est en effet certain que sa puissance ne s'étend pas à l'infini : car, lorsque nous affirmons, au sujet de quelque chose, quelque chose qui n'est pas contenu dans le concept que nous en formons, cela indique un défaut de notre perception, c'est-à-dire que nous avons des pensées, ou des idées comme mutilées et tronquées.

Motum enim semicirculi falsum esse vidimus, ubi nudus in mente est, eum ipsum autem verum, si conceptui globi jungatur, vel conceptui alicujus causæ talem motum determinantis. Quod si de natura entis cogitantis sit, uti prima fronte videtur, cogitationes veras, sive adæquatas formare, certum est, ideas inadæquatas ex eo tantum in nobis oriri, quod pars sumus alicujus entis cogitantis, cujus quædam cogitationes ex toto, quædam ex parte tantum nostram mentem constituunt.

B74 | Sed quod adhuc venit considerandum, et quod circa fictionem non fuit operæ pretium notare, et ubi maxima datur deceptio, est, quando contingit, ut quædam, quæ in imaginatione offeruntur, sint etiam in intellectu, hoc est, quod clare, et distincte concipiantur, quod tum, quamdiu distinctum a confuso non distinguitur, certitudo, hoc est, idea vera cum non distincta commiscetur. Ex. gr. quidam Stoicorum forte audiverunt nomen animæ, et etiam quod sit immortalis, quæ tantum confuse imaginabantur ; imaginabantur etiam, et simul intelligebant corpora subtilissima cætera omnia penetrare, et a nullis penetrari. Cum hæc omnia simul imaginabantur, concomitante certitudine hujus axiomatis, statim certi reddebantur, mentem esse subtilissima illa corpora, et
B75   subtilissima illa corpora non dividi, etc. | Sed ab hoc etiam liberamur, dum conamur ad normam datæ veræ ideæ omnes nostras perceptiones examinare cavendo, uti initio diximus, ab iis, quas ex auditu, aut ab experientia vaga habemus. Adde quod talis deceptio ex eo oritur, quod res nimis abstracte concipiunt : nam per se satis clarum est, me illud, quod in suo vero objecto concipio, alteri non posse applicare. Oritur denique etiam ex eo, quod prima elementa totius

En effet, nous avons vu que le mouvement du demi-cercle est faux, quand il est nu dans l'esprit, mais qu'il est lui-même vrai, s'il est joint au concept de sphère ou au concept de quelque cause déterminant un tel mouvement. Que s'il est de la nature d'un être pensant, comme cela semble à première vue, de former des pensées vraies ou adéquates, il est certain que les idées inadéquates naissent en nous de cela seulement que nous sommes une partie d'un être pensant dont certaines pensées constituent notre esprit en totalité, certaines en partie seulement.

| Mais, ce qui vient ici à devoir être considéré et qu'il ne **B74** valait pas la peine de noter à propos de la fiction, et où il y a la plus grande duperie, c'est lorsqu'il arrive que certaines choses, qui s'offrent dans l'imagination, sont aussi dans l'entendement, c'est-à-dire sont conçues clairement et distinctement, parce qu'alors, tant que le distinct n'est pas distingué du confus, la certitude, c'est-à-dire l'idée vraie, se mêle avec la non distincte. Par exemple, certains Stoïciens ont par hasard entendu dire le nom d'âme, et aussi qu'elle était immortelle, choses qu'ils imaginaient seulement confusément ; ils imaginaient aussi, et en même temps entendaient, que les corps très subtils pénétraient tous les autres et n'étaient pénétrés par aucun. Comme ils imaginaient toutes ces choses en même temps, la certitude de cet axiome accompagnant, ils étaient aussitôt rendus certains que l'esprit était ces corps très subtils et que ces corps très subtils ne se divisaient pas, etc. | Mais de **B75** cela aussi nous sommes libérés, quand nous nous efforçons d'examiner toutes nos perceptions selon la norme d'une idée vraie donnée, en nous gardant, comme nous l'avons dit au début, de celles que nous avons à partir du ouï-dire ou par expérience vague. Ajoute qu'une telle duperie naît de ce qu'ils conçoivent les choses trop abstraitement : car il est assez clair par soi que je ne peux pas appliquer à un autre objet ce que je conçois dans son objet véritable. Enfin, elle naît aussi de ce qu'ils n'entendent pas les éléments premiers de toute la

Naturæ non intelligunt; unde sine ordine procedendo, et Naturam cum abstractis, quamvis sint vera axiomata, confundendo, se ipsos confundunt, ordinemque Naturæ G29 pervertunt. | Nobis autem, si quam minime abstracte procedamus, et a primis elementis, hoc est, a fonte, et origine Naturæ, quam primum fieri potest, incipiamus, nullo modo B76 talis deceptio erit metuenda. | Quod autem attinet ad cognitionem originis Naturæ, minime est timendum, ne eam cum abstractis confundamus : nam cum aliquid abstracte concipitur, uti sunt omnia universalia, semper latius conpre- henduntur in intellectu, quam revera in Natura existere possunt eorum particularia. Deinde cum in natura dentur multa, quorum differentia adeo est exigua, ut fere intellectum effugiat, tum facile (si abstracte concipiantur) potest contin- gere, ut confundamur; at cum origo Naturæ, ut postea videbimus, nec abstracte, sive universaliter concipi potest, nec latius possit extendi in intellectu, quam revera est, nec ullam habeat similitudinem cum mutabilibus, nulla circa ejus ideam metuenda est confusio, modo normam veritatis (quam jam ostendimus) habeamus : est nimirum hoc ens, unicum, [z'] infinitum, hoc est, est omne esse, et præter quod [a''] nullum datur esse.

B77 | Hucusque de idea falsa. Superest, ut de idea dubia inquiramus, hoc est, ut inquiramus, quænam sint ea, quæ nos possunt in dubium pertrahere, et simul quomodo dubitatio tollatur. Loquor de vera dubitatione in mente, et non de ea,

---

z'. Hæc non sunt attributa Dei, quæ ostendunt ipsius essentiam, ut in Philosophia ostendam.

a''. Hoc supra jam demonstratum est. Si enim tale ens non existeret, nunquam posset produci ; adeoque mens plus posset intelligere, quam Natura præstare quod supra falsum esse constitit.

Nature ; de là, en procédant sans ordre et en confondant la Nature avec les abstraits, bien que soient vrais les axiomes, ils se confondent eux-mêmes et pervertissent l'ordre de la Nature. Mais, pour nous, si nous procédons abstraitement le moins possible et si nous commençons, dès que faire se peut, à partir des premiers éléments, c'est-à-dire de la source et de l'origine de la Nature, une telle duperie ne sera d'aucune manière à craindre. | Mais, en ce qui concerne la connaissance de **B76** l'origine de la Nature, il est le moins à craindre que nous ne la confondions avec les abstraits : car, lorsque quelque chose est conçu abstraitement, comme le sont tous les universels, ils sont toujours compris plus largement dans l'entendement que ne peuvent exister réellement dans la Nature leurs particuliers. Ensuite, comme dans la Nature, il y a beaucoup de choses dont la différence est si exiguë qu'elle échappe presque à l'entendement, il peut alors arriver facilement (si elles sont conçues abstraitement) qu'elles soient confondues ; mais comme l'origine de la Nature (ainsi que nous le verrons après) ne peut être conçue abstraitement ou universellement et ne peut s'étendre plus largement dans l'entendement qu'elle n'est réellement, et n'a aucune ressemblance avec les choses muables, aucune confusion n'est à craindre à propos de son idée, pourvu que nous ayons la norme de la vérité (que nous avons déjà montrée) : assurément, cet être est unique, [z'] infini, c'est-à-dire est tout l'être et ce en dehors de quoi [a''] il n'y a aucun être.

| Voilà pour l'idée fausse. Il nous reste à enquêter sur l'idée **B77** douteuse, c'est-à-dire à enquêter pour savoir quelles sont celles qui peuvent nous entraîner dans le doute, et en même temps comment l'état de doute est ôté. Je parle du vrai

[z']. Ce ne sont pas là des attributs de Dieu qui montrent son essence, comme je le montrerai dans la Philosophie.

[a'']. Cela a déjà été démontré plus haut. En effet, si un tel être n'existait pas, il ne pourrait jamais être produit ; et, alors, l'esprit pourrait entendre plus que la Nature ne peut offrir, ce qui a été établi plus haut être faux.

quam passim videmus contingere, ubi scilicet verbis, quamvis animus non dubitet, dicit quis se dubitare : non est enim Methodi hoc emendare; sed potius pertinet ad

B78 inquisitionem pertinaciæ, et ejus emendationem. | Dubitatio itaque in anima nulla datur per rem ipsam, de qua dubitatur, hoc est, si tantum unica sit idea in anima, sive ea sit vera, sive falsa, nulla dabitur dubitatio, neque etiam certitudo : Sed tantum talis sensatio. Est enim in se nihil aliud nisi talis sensatio ; sed dabitur per aliam ideam, quæ non adeo clara, ac distincta est, ut possimus ex ea aliquid certi circa rem, de qua

G30 dubitatur, concludere, | hoc est, idea, quæ nos in dubium conjicit, non est clara, et distincta. Ex. gr. si quis nunquam cogitaverit de sensuum fallacia, sive experientia, sive quomodocunque sit, nunquam dubitabit, an sol major, aut minor sit, quam apparet. Inde Rustici passim mirantur, cum audiunt solem multo majorem esse, quam globum terræ, sed cogitando de fallacia sensuum oritur dubitatio [b"]. Et si quis post dubitationem acquisiverit veram cognitionem sensuum, et quomodo per eorum instrumenta res ad distantiam

B79 repræsententur, tum dubitatio iterum tollitur. | Unde sequitur, nos non posse veras ideas in dubium vocare ex eo, quod forte aliquis Deus deceptor existat, qui vel in maxime certis nos fallit, nisi quamdiu nullam habemus claram, et distinctam Dei ideam ; hoc est, si attendamus ad cognitionem, quam de origine omnium rerum habemus, et nihil inveniamus, quod nos doceat, eum non esse deceptorem

---

[b"]. Id est, scit sensus aliquando se decepisse ; sed hoc tantum confuse scit ; Nam nescit, quomodo sensus fallant.

état de doute dans l'esprit, et non de celui que nous voyons arriver çà et là, à savoir quand quelqu'un se dit en parole douter, bien que le cœur ne doute pas : ce n'est pas à la Méthode de réformer cela ; mais cela appartient plutôt à la recherche sur l'obstination et à sa réforme. | C'est pourquoi, il **B78** n'y a dans l'âme aucun état de doute venant à travers la chose même sur laquelle on doute, c'est-à-dire que, si une idée est seulement unique dans l'âme, qu'elle soit vraie ou fausse, il n'y aura aucun état de doute, ni non plus aucune certitude : mais seulement telle sensation. En effet, elle n'est en soi rien d'autre que telle sensation ; mais il y en aura un venant à travers une autre idée qui n'est pas si claire et distincte que nous puissions en conclure quelque chose de certain à propos de la chose sur laquelle on doute, c'est-à-dire que l'idée qui nous pousse dans le doute n'est pas claire et distincte. Par exemple, si quelqu'un n'a jamais pensé à la fausseté des sens, soit par une expérience, soit n'importe comment, il ne doutera jamais en se demandant si le soleil est plus grand ou plus petit qu'il n'apparaît. De là, les Paysans s'étonnent, parfois, quand ils entendent dire que le soleil est beaucoup plus grand que le globe de la terre, mais, c'est en pensant à la fausseté des sens que naît l'état de doute. [b''] Et si quelqu'un a acquis après l'état de doute une connaissance vraie des sens et de la manière dont les choses sont représentées à distance par leurs instruments, alors, de nouveau, l'état de doute est ôté. | D'où il suit **B79** que nous ne pouvons pas mettre en doute les idées vraies du fait qu'existerait par hasard un certain Dieu dupeur qui nous trompe même dans les choses le plus certaines, au moins aussi longtemps que nous n'avons pas une idée claire et distincte de Dieu ; c'est-à-dire que, si nous faisons attention à la connaissance que nous avons de l'origine de toutes les choses et si nous ne trouvons rien qui nous

---

[b'']. C'est-à-dire qu'il sait que les sens l'ont quelquefois dupé ; mais il le sait seulement confusément ; car il ne sait pas comment les sens trompent.

eadem illa cognitione, qua, cum attendimus ad naturam trianguli, invenimus ejus tres angulos æquales esse duobus rectis; sed si talem cognitionem Dei habemus, qualem habemus trianguli, tum omnis dubitatio tollitur. Et eodem modo, quo possumus pervenire ad talem cognitionem trianguli, quamvis non certo sciamus, an aliquis summus deceptor nos fallat, eodem etiam modo possumus pervenire ad talem Dei cognitionem, quamvis non certo sciamus, an detur quis summus deceptor, et, modo eam habeamus, sufficiet ad tollandam, uti dixi, omnem dubitationem, quam de ideis

B80 claris, et distinctis habere possumus. | Porro si quis recte procedat investigando, quæ prius sunt investiganda, nulla interrupta concatenatione rerum, et sciat, quomodo quæstiones sint determinandæ, antequam ad earum cognitionem accingamur, nunquam nisi certissimas ideas, id est, claras, et distinctas habebit : Nam dubitatio nihil aliud est, quam suspensio animi circa aliquam affirmationem, aut negationem, quam affirmaret, aut negaret, nisi occurreret aliquid, quo ignoto cognitio ejus rei debet esse imperfecta. Unde colligitur, quod dubitatio semper oritur ex eo, quod res absque ordine investigentur.

B81
G31 | Hæc sunt, quae promisi tradere in hac prima parte Methodi. Sed | ut nihil omittam eorum, quæ ad cognitionem intellectus, et ejus vires possunt conducere, tradam etiam pauca de memoria, et oblivione; ubi hoc maxime venit considerandum, quod memoria corroboretur ope intellectus, et etiam absque ope intellectus. Nam quoad primum, quo res magis est intelligibilis, eo facilius retinetur, et contra, quo

enseigne qu'il n'est pas dupeur par cette même connaissance que celle par laquelle, quand nous faisons attention à la nature du triangle, nous trouvons que ses trois angles sont égaux à deux droits ; mais que, si nous avons une connaissance de Dieu telle que celle que nous avons du triangle, alors tout état de doute est ôté. Et de la même manière que nous pouvons parvenir à une telle connaissance du triangle, bien que nous ne sachions pas certainement si quelque dupeur suprême nous trompe, de la même manière aussi nous pouvons parvenir à une telle connaissance de Dieu, bien que nous ne sachions pas certainement s'il y a quelque dupeur suprême, et, pourvu que nous ayons cette connaissance, elle suffira pour ôter, comme je l'ai dit, tout état de doute que nous pouvons avoir sur les idées claires et distinctes. | En outre, si quelqu'un **B80** procède droitement dans son investigation sur les choses qui doivent venir d'abord dans une investigation, sans aucune interruption dans l'enchaînement des choses, et sait comment les questions doivent être déterminées avant que nous accédions à leur connaissance, il n'aura jamais que des idées très certaines, c'est-à-dire claires et distinctes : car l'état de doute n'est rien d'autre que la suspension du cœur autour de quelque affirmation, ou négation, qu'il affirmerait, ou nierait, si ne surgissait quelque chose, qui, ignoré, fait que la connaissance de cette chose doit être imparfaite. D'où l'on infère que l'état de doute naît toujours de ce que l'investigation sur les choses se fait sans ordre.

| Voilà ce que j'ai promis d'enseigner dans cette première **B81** partie de la Méthode. Mais, pour ne rien omettre de ce qui peut conduire à la connaissance de l'entendement et de ses forces, j'enseignerai aussi un peu de choses sur la mémoire et l'oubli, où devra être considéré le plus le fait que la mémoire est renforcée par le secours de l'entendement, et aussi sans le secours de l'entendement. En effet, en ce qui concerne le premier point, plus une chose est intelligible, plus facilement elle est retenue, et, au contraire, moins elle l'est, plus

minus, eo facilius eam obliviscimur. Ex. gr. si tradam alicui
copiam verborum solutorum, ea multo difficilius retinebit,
B82 quam si eadem verba in forma narrationis tradam. |
Corroboratur etiam absque ope intellectus, scilicet a vi, qua
imaginatio, aut sensus, quem vocant communem, afficitur ab
aliqua re singulari corporea. Dico *singularem :* imaginatio
enim tantum a singularibus afficitur : Nam si quis legerit
ex. gr. unam tantum Fabulam amatoriam, eam optime
retinebit, quamdiu non legerit plures alias ejus generis, quia
tum sola viget in imaginatione : sed si plures sint ejusdem
generis, simul omnes imaginamur, et facile confundantur.
Dico etiam *corpoream :* nam a solis corporibus afficitur
imaginatio. Cum itaque memoria ab intellectu corroboretur,
et etiam sine intellectu, inde concluditur, eam quid diversum
esse ab intellectu, et circa intellectum in se spectatum nullam
B83 dari memoriam, neque oblivionem. | Quid ergo erit memoria ?
Nihil aliud, quam sensatio impressionum cerebri, simul cum
cogitatione ad determinatam durationem ^{d"} sensationis ; quod
etiam ostendit reminiscentia. Nam ibi anima cogitat de illa
sensatione ; sed non sub continua duratione ; et sic idea
istius sensationis non est ipsa duratio sensationis, id est,
ipsa memoria. An vero ideæ ipsæ aliquam patiantur
corruptionem, videbimus in Philosophia. Et si hoc alicui

---

d". Si vero duratio sit indeterminata, memoria ejus rei est imperfecta,
quod quisque etiam videtur a natura didicisse. Sæpe enim, ut alicui melius
credamus in eo, quod dicit, rogamus, quando, et ubi id contingerit. Quamvis
etiam ideæ ipsæ suam habeant durationem in mente, tamen cum assueti simus
durationem determinare ope alicujus mensuræ motus, quod etiam ope
imaginationis fit, ideo nullam adhuc memoriam observamus, quæ sit puræ
mentis.

facilement nous l'oublions. Si, par exemple, j'enseigne à quelqu'un abondance de mots déliés, il les retiendra beaucoup plus difficilement que si je lui enseigne ces mêmes mots sous la forme d'un récit. | Elle est aussi renforcée sans le secours de **B82** l'entendement, à savoir par la force avec laquelle l'imagination, ou le sens qu'on appelle commun, est affectée par une chose singulière corporelle. Je dis *singulière* : l'imagination est, en effet, affectée seulement par des choses singulières ; car si quelqu'un a lu, par exemple, seulement une Fable amoureuse, il la retiendra très bien tant qu'il n'en aura pas lu plusieurs autres de ce genre, parce qu'elle est alors seule vivace dans l'imagination ; mais si elles sont plusieurs du même genre, nous les imaginons toutes ensemble et elles se confondent facilement. Je dis aussi *corporelle* : car l'imagination est affectée par les seuls corps. Puis donc que la mémoire est renforcée par l'entendement, et aussi sans l'entendement, on en conclut qu'elle est quelque chose de différent de l'entendement, et, à propos de l'entendement envisagé en lui-même, qu'il n'y a aucune mémoire, ni oubli. | Que sera donc la mémoire ? Rien **B83** d'autre que la sensation des impressions du cerveau, avec en même temps la pensée d'une durée déterminée[d''] de la sensation, ce que montre aussi la réminiscence. Car, là, l'âme pense à cette sensation, mais non sous une durée continue ; et ainsi l'idée de cette sensation n'est pas la durée elle-même de la sensation, c'est-à-dire la mémoire elle-même. Mais est-ce que les idées elles-mêmes subissent quelque corruption, nous le verrons dans la Philosophie. Et si cela paraît à quelqu'un

---

d''. Mais, si la durée est indéterminée, la mémoire de cette chose est imparfaite, ce que chacun semble aussi avoir appris de la nature. Souvent, en effet, pour mieux croire quelqu'un en ce qu'il dit, nous demandons quand et où c'est arrivé. Quoique les idées elles-mêmes aient aussi une durée dans l'esprit, comme nous sommes cependant habitués à déterminer la durée avec le secours d'une mesure du mouvement, ce qui se fait aussi avec le secours de l'imagination, nous n'observons donc plus aucune mémoire qui soit le propre de l'esprit pur.

valde absurdum videatur, sufficiet ad nostrum propositum, ut cogitet, quod, quo res est singularior, eo facilius retineatur, G32 sicut ex exemplo Comœdiæ modo allato patet. Porro quo res | intelligibilior, eo etiam facilius retinetur. Unde maxime singularem, et tantummodo intelligibilem non poterimus non retinere.

B84 | Sic itaque distinximus inter ideam veram, et cæteras perceptiones, ostendimusque, quod ideæ fictæ, falsæ, et cæteræ habeant suam originem ab imaginatione, hoc est, a quibusdam sensationibus fortuitis, atque (ut sic loquar) solutis, quæ non oriuntur ab ipsa mentis potentia, sed a causis externis, prout corpus, sive somniando, sive vigilando varios accipit motus. Vel si placet, hic per imaginationem, quicquid velis, cape, modo sit quid diversum ab intellectu, et unde anima habeat rationem patientis; perinde enim est, quicquid capias, postquam novimus eandem quid vagum esse, et a quo anima patitur, et simul etiam novimus, quomodo ope intellectus ab eadem liberamur. Quare etiam nemo miretur, me hic nondum probare, dari corpus, et alia necessaria, et tamen loqui de imaginatione, de corpore, et ejus constitutione. Nempe, ut dixi, est perinde, quid capiam, postquam novi esse quid vagum, etc.

B85 | At ideam veram simplicem esse ostendimus, aut ex simplicibus compositam, et quæ ostendit, quomodo, et cur aliquid sit, aut factum sit, et quod ipsius effectus objectivi in anima procedunt ad rationem formalitatis ipsius objecti; id, quod idem est, quod veteres dixerunt, nempe veram scientiam procedere a causa ad effectus; nisi quod nunquam, quod

fort absurde, il lui suffira pour notre propos de penser que, plus une chose est singulière, plus facilement on la retient, comme c'est manifeste à partir de l'exemple rapporté à l'instant d'une Comédie. En outre, plus une chose est intelligible, plus facilement aussi elle est retenue. D'où le fait que nous ne pouvons pas ne pas retenir celle qui est le plus singulière, et pour autant qu'elle est intelligible.

| Ainsi donc, avons-nous distingué entre l'idée vraie et les **B84** autres perceptions, et nous avons montré que les idées fictives, fausses, etc. tirent leur origine de l'imagination, c'est-à-dire de sensations fortuites et (pour parler ainsi) déliées, qui ne naissent pas de la puissance même de l'esprit, mais de causes externes selon que le corps, ou dans le sommeil, ou dans la veille, reçoit des mouvements variés. Ou, si cela te plaît, donne ici à « imagination » n'importe quelle acception que tu veux, pourvu que ce soit quelque chose de différent de l'entendement et par quoi l'âme ait la condition de patient ; en effet, il en est de même, quelle que soit ton acception, une fois que nous connaissons que cette même imagination est quelque chose de vague et par quoi l'âme pâtit, et une fois que nous connaissons aussi en même temps comment nous en sommes libérés par le secours de l'entendement. Que personne ne s'étonne donc pas, non plus, que je n'aie pas encore ici prouvé qu'il y a un corps, et autres choses nécessaires, et que je parle cependant de l'imagination, du corps et de sa constitution. N'en est-il pas, comme je l'ai dit, de même, quelle que soit mon acception, une fois que j'ai connu que c'était quelque chose de vague, etc.

| Mais nous avons montré que l'idée vraie est simple, ou **B85** composée à partir d'idées simples et qui montre comment et pourquoi quelque chose est ou a été fait, et nous avons montré que ses effets objectifs procèdent dans l'âme en raison de la formalité de son objet ; ce qui est la même chose que ce

sciam, conceperunt, uti nos hic, animam secundum certas
B86 leges agentem, et quasi aliquod automa spirituale. | Unde,
quantum in initio licuit, acquisivimus notitiam nostri
intellectus, et talem normam veræ ideæ, ut jam non vereamur,
ne vera cum falsis, aut fictis confundamus; nec etiam mira-
bimur, cur quædam intelligamus, quæ nullo modo sub
imaginationem cadunt, et alia sint in imaginatione, quæ
prorsus oppugnant intellectum; alia denique cum intellectu
conveniant, quandoquidem novimus operationes illas a
quibus imaginationes producuntur, fieri secundum alias
leges, prorsus diversas a legibus intellectus, et animam circa
B87 imaginationem tantum habere rationem patientis. | Ex quo
G33 etiam constat, quam facile ii in | magnos errores possunt
delabi, qui non accurate distinxerunt inter imaginationem, et
intellectionem. In hos ex. gr. quod extensio debeat esse in
loco, debeat esse finita, cujus partes ab invicem distinguuntur
realiter, quod sit primum, et unicum fundamentum omnium
rerum, et uno tempore majus spatium occupet, quam alio,
multaque ejusmodi alia, quæ omnia prorsus oppugnant
veritatem, ut suo loco ostendemus.

B88 | Deinde cum verba sint pars imaginationis, hoc est,
quod, prout vage ex aliqua dispositione corporis compo-
nuntur in memoria, multos conceptus fingamus, ideo
non dubitandum, quin etiam verba æque, ac imaginatio,
possint esse causa multorum, magnorumque errorum,
B89 nisi magnopere ab ipsis caveamus. | Adde quod sint

qu'ont dit les anciens, n'est-ce pas ?, que la vraie science procède de la cause aux effets, à cela près que jamais, que je sache, ils n'ont conçu comme nous ici l'âme agissant selon des lois certaines, et comme quelque automate spirituel. | De là, autant qu'il est possible dans un début, nous avons acquis une notion de notre entendement et une norme de l'idée vraie telle que nous ne craignons plus de confondre les choses vraies avec les fausses ou les fictives ; et, nous ne nous demanderons pas, non plus, avec étonnement pourquoi nous entendons certaines choses qui ne tombent d'aucune manière sous l'imagination, et pourquoi d'autres sont dans l'imagination qui s'avancent au plus loin pour battre en brèche l'entendement, pourquoi d'autres enfin s'accordent avec l'entendement, puisque nous avons connaissance de ce que ces opérations par lesquelles les imaginations sont produites se font selon d'autres lois, s'écartant au plus loin des lois de l'entendement, et que l'âme, pour ce qui est de l'imagination, a seulement la condition de patient. | A partir de cela, est aussi établi avec quelle facilité peuvent tomber dans de grandes erreurs ceux qui n'ont pas distingué avec soin imagination et intellection. Dans celles, par exemple, que l'étendue doit être en un lieu, doit être finie, doit être ce dont les parties se distinguent entre elles réellement, qu'elle est le premier et l'unique fondement de toutes choses, et qu'elle occuperait à un moment un espace plus grand qu'à un autre, et beaucoup de choses de ce genre qui toutes s'avancent au plus loin pour battre en brèche la vérité, comme nous le montrerons en son lieu.

| Ensuite, comme les mots sont une partie de l'imagination, c'est-à-dire que c'est en fonction de la manière dont ils se composent vaguement dans la mémoire à partir de quelque disposition du corps, que nous feignons beaucoup de concepts, de ce fait il ne faut pas douter que les mots ne puissent aussi, à égalité avec l'imagination, être la cause de nombreuses et grandes erreurs, si nous ne nous en gardons pas très activement. | Ajoute qu'ils sont constitués selon

B86

B87

B88

B89

constituta ad libitum, et captum vulgi; adeo ut non sint nisi
signa rerum, prout sunt in imaginatione, non prout sunt in
intellectu; quod clare patet ex eo, quod omnibus iis, quæ
tantum sunt in intellectu, et non in imaginatione, nomina
imposuerunt sæpe negativa, uti sunt, incorporeum, infinitum, etc. et etiam multa, quæ sunt revera affirmativa,
negative exprimunt, et contra, uti sunt increatum, inde-
pendans, infinitum, immortale, etc. quia nimirum horum
contraria multo facilius imaginamur; ideoque prius primis
hominibus occurrerunt, et nomina positiva usurparunt. Multa
affirmamus, et negamus, quia natura verborum id affirmare,
et negare patitur, non vero rerum natura; adeoque hac
B90   ignorantia facile aliquid falsum pro vero sumeremus. |
Vitamus præterea aliam magnan causam confusionis, et quæ
facit, quominus intellectus ad se reflectat : nempe, cum non
distinguimus inter imaginationem, et intellectionem,
putamus ea, quæ facilius imaginamur, nobis esse clariora, et
id, quod imaginamur, putamus intelligere. Unde quæ sunt
posponenda, anteponimus, et sic verus ordo progrediendi
pervertitur, nec aliquid legitime concluditur.

B91 |[e''] Porro, ut tandem ad secundam partem hujus Methodi
G34   perveniamus |, proponam primo nostrum scopum in hac
Methodo, ac deinde media, ut eum attingamus. Scopus
itaque est claras, et distinctas habere ideas, tales
videlicet, quæ ex pura mente, et non ex fortuitis motibus
corporis factæ sint. Deinde, omnes ideæ ad unam ut

---

e''. Præcipua hujus partis Regula est, ut ex prima parte sequitur,
recensere omnes ideas, quas ex puro intellectu in nobis invenimus, ut eæ ab
iis, quas imaginamur, distinguantur ; quod ex proprietatibus uniuscujusque,
nempe imaginationis, et intellectionis, erit eliciendum.

l'arbitraire et ce qui séduit le commun, si bien qu'ils ne sont rien que les signes des choses en fonction de ce qu'elles sont dans l'imagination, non en fonction de ce qu'elles sont dans l'entendement ; ce qui est clairement manifeste par le fait qu'à toutes les choses qui sont seulement dans l'entendement, non dans l'imagination, ils imposèrent des noms souvent négatifs, comme le sont incorporel, infini, etc., et aussi qu'ils expriment beaucoup de choses qui sont en vérité affirmatives négativement, et inversement, comme sont incréé, indépendant, infini, immortel, etc., parce qu'assurément nous imaginons beaucoup plus facilement leurs contraires et que, pour cette raison, ceux-ci se présentèrent d'abord aux premiers hommes et usurpèrent des noms positifs. Nous affirmons, et nions beaucoup de choses, parce que la nature des mots supporte d'affirmer, et de nier cela, mais non en fonction de la nature des choses, et que, pour cela, par cette ignorance, nous prendrions facilement quelque chose de faux pour vrai. | En **B90** outre, nous évitons une autre grande cause de confusion, et qui empêche l'entendement de réfléchir sur lui-même : comme nous ne distinguons pas entre imagination et entendement, n'estimons-nous pas que les choses que nous imaginons plus facilement nous sont plus claires, et que ce que nous imaginons, nous estimons l'entendre ? De là, les choses qui doivent être posées après, nous les posons avant, et ainsi l'ordre vrai du progresser est perverti, et quelque chose n'est pas légitimement conclu.

|$^{e''}$ En outre, pour que nous parvenions enfin à la deuxième **B91** partie de cette Méthode, je proposerai en premier notre but dans cette Méthode, et ensuite les moyens pour l'atteindre. Le but est donc d'avoir des idées claires, et

---

e''. La principale Règle de cette partie est, comme cela suit de la première partie, de recenser toutes les idées que nous trouvons en nous à partir de l'entendement pur, pour qu'elles soient distinguées de celles que nous imaginons ; ce qu'il faudra tirer des propriétés de chacun, l'imagination et l'entendement, n'est-ce pas ?

redigantur, conabimur eas tali modo concatenare, et ordinare, ut mens nostra, quoad ejus fieri potest, referat objective formalitatem naturæ, quoad totam, et quoad ejus partes.

B92 | Quoad primum, ut jam tradidimus, requiritur ad nostrum ultimum finem, ut res concipiatur vel per solam suam essentiam, vel per proximam suam causam. Scilicet si res sit in se, sive, ut vulgo dicitur, causa sui, tum per solam essentiam debebit intelligi ; si vero res non sit in se, sed requirat causam, ut existat, tum per proximam suam causam debet intelligi : Nam revera [f'] cognitio effectus nihil aliud est, quam perfectiorem

B93   causæ cognitionem acquirere. | Unde nunquam nobis licebit, quamdiu de Inquisitione rerum agimus, ex abstractis aliquid concludere, et magnopere cavebimus, ne misceamus ea, quæ tantum sunt in intellectu, cum iis, quæ sunt in re. Sed optima conclusio erit depromenda ab essentia aliqua particulari affirmativa, sive a vera et legitima definitione. Nam ab axiomatibus solis universalibus non potest intellectus ad singularia descendere, quandoquidem axiomata ad infinita se extendunt, nec intellectum magis ad unum, quam ad aliud

B94   singulare contemplandum, determinant. | Quare recta inveniendi via est ex data aliqua definitione cogitationes formare : quod eo felicius et facilius procedet, quo rem aliquam melius definiverimus. Quare cardo totius hujus secundæ

f''. Nota, quod hinc appareat nihil nos de Natura posse intelligere, quin simul cognitionem primæ causæ, sive Dei ampliorem reddamus.

distinctes, telles celles, bien sûr, qui sont faites à partir de l'esprit pur, et non à partir des mouvements fortuits du corps. Ensuite, pour que toutes les idées soient ramenées à une seule, nous nous efforcerons de les enchaîner et de les ordonner de telle manière que notre esprit, autant qu'il est en sa possibilité de le faire, rapporte objectivement la formalité de la nature en sa totalité et en ses parties.

| Pour le premier point, comme nous l'avons déjà **B92** enseigné, il est requis pour notre fin ultime que la chose soit conçue à travers sa seule essence ou à travers sa cause prochaine. A savoir que, si une chose est en soi ou, comme on dit communément, cause de soi, elle devra alors être entendue à travers sa seule essence ; mais, si la chose n'est pas en soi, mais requiert une cause pour exister, alors elle doit être entendue à travers sa cause prochaine : car [f'] la connaissance de l'effet n'est, en vérité, rien d'autre que le fait d'acquérir une connaissance plus parfaite de la cause. | De là, il ne nous sera **B93** jamais permis, tant que nous traiterons de l'Enquête sur les choses, de conclure quelque chose à partir d'abstraits, et nous nous garderons vigoureusement de mêler celles qui sont seulement dans l'entendement avec celles qui sont dans la chose. Mais la meilleure conclusion devra être tirée de quelque essence particulière affirmative, ou d'une définition vraie et légitime. Car l'entendement ne peut descendre des seuls axiomes universels aux singuliers, puisque les axiomes s'étendent à une infinité et ne déterminent pas l'entendement à contempler un singulier plus qu'un autre. | C'est pourquoi la voie **B94** droite pour trouver est de former les pensées à partir d'une certaine définition donnée, ce qui ira avec d'autant plus de félicité et de facilité, que nous aurons mieux défini une chose. C'est pourquoi le pivot de toute cette deuxième partie de la

---

[f']. Note qu'il apparaît de là que nous ne pouvons rien entendre de la Nature, sans que nous rendions en même temps plus ample la connaissance de la cause première, ou Dieu.

Methodi partis in hoc solo versatur, nempe in conditionibus
bonæ definitionis cognoscendis, et deinde in modo eas
B95 inveniendi. Primo itaque de conditionibus definitionis agam. |
Definitio ut dicatur perfecta, debebit intimam essentiam rei
explicare, et cavere, ne ejus loco propria quædam usurpemus ; ad
quod explicandum, ut alia exempla omittam, ne videar aliorum
errores velle detegere, adferam tantum exemplum alicujus rei
G35 abstractæ, quæ perinde est, quomodocunque definiatur, |
circuli scilicet : quod si definiatur, esse figuram aliquam,
cujus lineæ, a centro ad circonferentiam ductæ, sunt æquales,
nemo non videt talem definitionem minime explicare
essentiam circuli ; sed tantum ejus aliquam proprietatem. Et
quamvis, ut dixi, circa figuras, et cætera entia rationis hoc
parum referat, multum tamen refert circa entia Physica, et
realia : nimirum, quia proprietates rerum non intelliguntur,
quamdiu earum essentiæ ignorantur ; si autem has prætermit-
timus, necessario concatenationem intellectus, quæ Naturae
concatenationem referre debet, pervertemus, et a nostro scopo
B96 prorsus aberrabimus. | Ut itaque hoc vitio liberemur, erunt
hæc observanda in Definitione.

I. Si res sit creata, definitio debebit, uti diximus, compre-
hendere causam proximam. Ex. gr. circulus secundum hanc
legem sic esset definiendus : eum esse figuram, quae descri-
bitur a linea quacunque, cujus alia extremitas est fixa, alia
mobilis, quæ definitio clare comprehendit causam proximam.

II. Talis requisitur conceptus rei, sive definitio, ut omnes
proprietates rei, dum sola, non autem cum aliis conjuncta,
spectatur, ex ea concludi possent, uti in hac definitione circuli
videre est. Nam ex ea clare cuncluditur omnes lineas a centro

Méthode tourne autour de cela seul, connaître, n'est-ce pas ?, les conditions de la bonne définition et ensuite dans la manière de les trouver. C'est pourquoi je traiterai d'abord des conditions de la définition. | Pour qu'une définition soit dite parfaite, elle **B95** devra expliquer l'essence intime de la chose et éviter qu'à sa place nous n'usurpions certains propres ; pour expliquer cela, voulant omettre d'autres exemples afin de ne pas paraître vouloir mettre à nu les erreurs des autres, j'apporterai seulement l'exemple d'une chose abstraite qui revient au même, de quelque manière qu'elle soit définie, à savoir le cercle : s'il est défini être une figure dont les lignes, tirées du centre à la circonférence, sont égales, il n'y a personne qui ne voie qu'une telle définition explique le moins l'essence du cercle, mais seulement une propriété de celui-ci. Et bien que, comme je l'ai dit, cela importe peu à propos des figures et autres êtres de raison, cela importe cependant beaucoup à propos des êtres Physiques et réels, puisque assurément les propriétés des choses ne sont pas entendues, tant que leurs essences sont ignorées ; mais, si nous les négligeons, nous pervertirons nécessairement l'enchaînement de l'entendement qui doit rapporter l'enchaînement de la Nature, et nous errerons au plus loin de notre but. | Pour que nous soyons donc libérés de **B96** ce vice, voici les choses qu'il faut observer dans une Définition :

I. Si la chose est créée, la définition devra, comme nous l'avons dit, comprendre la cause prochaine. Par exemple, le cercle, suivant cette loi, devrait être ainsi défini : il est une figure qui est décrite par une ligne quelconque dont une extrémité est fixe, l'autre mobile, définition qui comprend clairement la cause prochaine.

II. Est requis un concept, ou définition, de la chose tel que toutes les propriétés de la chose, quand elle est considérée seule, et non jointe avec d'autres, peuvent en être conclues, comme on le voit dans cette définition du cercle. Car il en est clairement conclu que toutes les lignes tirées du centre à la

ad circonferentiam ductas æquales esse; quodque hoc sit necessarium requisitum definitionis, adeo per se est attendenti manifestum, ut non videatur operæ pretium in ipsius demonstratione morari, nec etiam ostendere ex hoc secundo requisito omnem definitionem debere esse affirmativam. Loquor de affirmatione intellectiva, parum curendo verbalem, quæ propter verborum penuriam poterit fortasse aliquando negative exprimi, quamvis affirmative intelligatur.

B97 | Definitionis vero rei increatæ hæc sunt requisita.

I. Ut omnem causam secludat, hoc est, objectum nullo alio præter suum esse egeat ad sui explicationem.

II. Ut data ejus rei definitione nullus maneat locus Quæstioni, An sit?

III. Ut nulla, quoad mentem, habeat substantiva, quæ possint adjectivari, hoc est, ne per aliqua abstracta explicetur.

IV. Et ultimo (quamvis hoc notare non sit valde neces-
G36   sarium) | requiritur, ut ab ejus definitione omnes ejus proprietates concludantur. Quæ etiam omnia attendenti accurate fiunt manifesta.

B98 | Dixi etiam, quod optima conclusio erit depromenda ab essentia aliqua particulari affirmativa : Quo enim specialior est idea, eo distinctior, ac proinde clarior est. Unde cognitio particularium quam maxime nobis quærenda est.

B99 | Quoad ordinem vero, et ut omnes nostræ perceptiones ordinentur, et uniantur, requiritur, ut, quamprimum fieri potest, et ratio postulat, inquiramus, an detur quoddam ens, et simul quale, quod sit omnium rerum causa, ut ejus essentia objectiva sit etiam causa omnium nostrarum idearum, et

circonférence sont égales ; et que ce soit un réquisit nécessaire
de la définition, c'est, pour qui fait attention, si manifeste par
soi, qu'il ne semble pas que ce soit la peine de s'attarder dans
sa démonstration, ni même de montrer à partir de ce second
réquisit que toute définition doit être affirmative. Je parle de la
définition intellective, m'occupant peu de la verbale, qui, du
fait de la pénurie de mots, pourra peut-être quelquefois être
exprimée négativement, bien qu'elle soit entendue affirmati-
vement.

| Quant à la définition d'une chose incréée, voici les **B97**
réquisits :

I. Qu'elle exclue toute cause, c'est-à-dire que l'objet n'ait
besoin, en dehors de son être, d'aucun autre pour son
explication.

II. Que, la définition de cette chose étant donnée, il ne reste
plus aucun lieu à la Question : existe-t-elle ?

III. Que, par rapport à l'esprit, elle n'ait aucun substantif
qui puisse être adjectivé, c'est-à-dire qu'elle ne soit pas
expliquée à travers quelques abstraits.

IV. Et, en dernier (bien qu'il ne soit pas fort nécessaire de
le noter), il est requis que, de sa définition, toutes ses propriétés se concluent. Toutes choses, aussi, qui deviennent
manifestes à qui fait soigneusement attention.

| J'ai dit aussi que la meilleure conclusion devra être tirée **B98**
d'une essence particulière affirmative : en effet, plus une idée
est spéciale, plus elle est distincte et, pour cela, plus elle est
claire. De là, c'est la connaissance des particuliers qu'il nous
faut le plus chercher.

| Mais, pour l'ordre, et afin que toutes nos perceptions soient **B99**
ordonnées et unies, il est requis que, dès que faire se peut, et la
raison le postule, nous recherchions s'il y a un être, et en même
temps lequel, qui soit la cause de toutes choses, pour que son
essence objective soit aussi la cause de toutes nos idées, et

tum mens nostra, uti diximus, quam maxime referet Naturam :
Nam et ipsius essentiam, et ordinem, et unionem habebit
objective. Unde possumus videre, apprime nobis esse necessarium, ut semper a rebus Physicis, sive ab entibus realibus omnes
nostras ideas deducamus, progrediendo, quoad ejus fieri potest,
secundum seriem causarum ab uno ente reali ad aliud ens reale, et
ita quidem, ut ad abstracta, et universalia non transeamus, sive
ut ab iis aliquid reale non concludamus, sive ut ea ab aliquo
reali non concludantur : Utrumque enim verum progressum
B100   intellectus interrumpit. ׀ Sed notandum, me hic per seriem
causarum, et realium entium non intellegere seriem rerum
singularium mutabilium, sed tantummodo seriem rerum
fixarum, æternarumque. Seriem enim rerum singularium
mutabilium impossibile foret humanæ imbecillitati assequi,
cum propter earum omnem numerum superantem multitu-
dinem, tum propter infinitas circumstantias in una et eadem re,
quarum unaquæque potest esse causa, ut res existat, aut non
existat ; quandoquidem earum existentia nullam habet
connexionem cum earundem essentia, sive (ut jam diximus)
B101   non est æterna veritas. | Verumenimvero neque etiam opus est,
ut earum seriem intelligamus : siquidem rerum singularium
mutabilium essentiæ non sunt depromendæ ab earum serie, sive
ordine existendi ; cum hic nihil aliud nobis præbeat præter
denominationes extrinsecas, relationes, aut ad summum
circumstantias ; quæ omnia longe absunt ab intima essentia
G37   rerum. Hæc vero tantum est petanda a fixis, atque æternis |
rebus, et simul a legibus in iis rebus, tanquam in suis veris
codicibus, inscriptis, secundum quas omnia singularia, et fiunt,
et ordinantur ; imo hæc mutabilia singularia adeo intime,
atque essentialiter (ut sic dicam) ab iis fixis pendent, ut
sine iis nec esse, nec concipi possint. Unde hæc fixa, et

pour que notre esprit rapporte alors, comme je l'ai dit, le plus la
Nature : car, de celle-là-même, il aura aussi objectivement
l'essence, et l'ordre, et l'union. De là, nous pouvons voir qu'il
nous est, en tout premier, nécessaire que nous déduisions en
progressant, autant que faire se peut, toujours à partir de
choses Physiques, ou d'êtres réels, toutes nos idées, selon la
série des causes, d'un être réel à un autre être réel, et certes de
telle sorte que nous ne passions pas à des abstraits et à des
universels, ou que nous n'en concluions pas quelque chose de
réel, ou bien qu'ils ne soient pas conclus de quelque chose de
réel : car l'un et l'autre interrompt le vrai progrès de
l'entendement. | Mais il faut noter qu'ici, par série des causes **B100**
et êtres réels, je n'entends pas la série des choses singulières
muables, mais seulement la série des choses fixes et
éternelles. En effet, la série des choses singulières muables, il
serait impossible à la faiblesse humaine de la suivre, autant à
cause de leur multitude supérieure à tout nombre qu'à cause
des circonstances infinies en une seule et même chose,
circonstances dont chacune peut être cause que la chose existe
ou n'existe pas, puisque leur existence n'a aucune connexion
avec l'essence de ces mêmes choses, ou (comme nous l'avons
déjà dit) n'est pas une vérité éternelle. | Mais, en vérité, il ne **B101**
faut pas non plus que nous entendions leur série, si les
essences des choses singulières muables n'ont vraiment pas à
être tirées de leur série ou ordre d'exister, puisque celui-ci ne
nous fournit rien d'autre en dehors de dénominations
extrinsèques, de relations, ou au plus de circonstances, tout ce
qui est bien loin de l'essence intime des choses. Mais celle-ci
doit être demandée aux choses fixes et éternelles, et en même
temps aux lois inscrites dans ces choses, comme dans leurs
vrais Codes, lois selon lesquelles toutes les choses singulières
se font et s'ordonnent; bien plus, ces choses singulières
muables dépendent si intimement et (pour ainsi dire)
essentiellement de ces choses fixes, qu'elles ne peuvent sans
elles ni être, ni être conçues. De là, ces choses fixes et

æterna, quamvis sint singularia, tamen ob eorum ubique praesentiam, ac latissimam potentiam erunt nobis, tanquam universalia, sive genera definitionum rerum singularium mutabilium, et causæ proximæ omnium rerum.

B102 | Sed cum hoc ita sit, non parum difficultatis videtur subesse, ut ad horum singularium cognitionem pervenire possimus : nam omnia simul concipere res est longe supra humani intellectus vires. Ordo autem, ut unum ante aliud intelligatur, uti diximus, non est petendus ab eorum existendi serie, neque etiam a rebus æternis. Ibi enim omnia hæc sunt simul natura. Unde alia auxilia necessario sunt quærenda præter illa, quibus utimur ad res æternas, earumque leges intelligendum ; attamen non est hujus loci ea tradere, neque etiam opus est, nisi postquam rerum æternarum, earumque infallibilium legum sufficientem acquisiverimus cognitionem, sensuumque

B103   nostrorum natura nobis innotuerit. | Antequam ad rerum singularium cognitionem accingamur, tempus erit, ut ea auxilia tradamus, quæ omnia eo tendent, ut nostris sensibus sciamus uti, et experimenta certis legibus, et ordine facere, quæ sufficient ad rem, quæ inquiritur, determinandam, ut tandem ex iis concludamus, secundum quasnam rerum æternarum leges facta sit, et intima ejus natura nobis innotescat, ut suo loco ostendam. Hic, ut ad propositum revertar, tantum enitar tradere, quæ videntur necessaria, ut ad cognitionem rerum æternarum pervenire possimus, earumque definitiones formemus

B104   conditionibus supra traditis. | Quod ut fiat, revocandum in memoriam id, quod supra diximus, nempe quod, ubi mens ad aliquam cogitationem attendit, ut ipsam perpendat,

éternelles, bien qu'elles soient singulières, seront cependant, à cause de leur présence, et de leur puissance très large, pour nous comme les universels, ou les genres des définitions des choses singulières muables, et causes prochaines de toutes les choses.

| Mais, puisqu'il en est ainsi, il ne semble pas qu'il y ait **B102** là-dessous peu de difficulté pour nous à pouvoir parvenir à la connaissance de ces singuliers : car, concevoir toutes choses en même temps, c'est une affaire loin au-dessus des forces de l'entendement humain. Mais l'ordre, pour que l'un soit entendu avant l'autre, comme nous l'avons dit, ne doit pas être demandé à la série de leur exister, ni même aux choses éternelles. Là, en effet, toutes ces choses sont par nature en même temps. De là, d'autres auxiliaires doivent être nécessairement cherchés en plus de ceux dont nous nous servons pour entendre les choses éternelles et leurs lois ; cependant, ce n'est pas ici le lieu de les enseigner, et il ne le faut même pas, si ce n'est après que nous aurons acquis une connaissance suffisante des choses éternelles et de leurs lois infaillibles, et après que se soit fait connaître de nous la nature de nos sens. | **B103** Avant que nous soyons armés pour la connaissance des choses singulières, pour enseigner ces auxiliaires qui tous y tendent, il y aura le temps requis pour que nous sachions user de nos sens et faire, selon des lois certaines et en ordre, des expérimentations qui suffisent pour déterminer la chose qui est cherchée, pour qu'enfin nous en concluions selon quelles lois des choses éternelles elle a été faite, et se fait connaître de nous sa nature intime, comme je le montrerai en son lieu. Ici, pour revenir à mon propos, je m'efforcerai seulement d'enseigner les choses qui semblent nécessaires pour que nous puissions parvenir à la connaissance des choses éternelles et pour que nous formions leurs définitions aux conditions ci-dessus enseignées. | Pour que cela se fasse, il faut rappeler dans la **B104** mémoire ce que nous avons dit plus haut, que, n'est-ce pas ?, lorsque l'esprit est attentif à une pensée pour la soupeser

bonoque ordine ex ea deducat, quæ legitime sunt deducenda, si
ea falsa fuerit, falsitatem deteget ; sin autem vera, tum feliciter
G38   perget sine ulla interruptione res veras inde | deducere ; hoc,
inquam, ad nostram rem requiritur. Nam ex nullo fundamento
B105 cogitationes nostræ terminari queunt. | Si igitur rem omnium
primam investigare velimus, necesse est dari aliquod fundamentum, quod nostras cogitationes eo dirigat. Deinde quia
Methodus est ipsa cognitio reflexiva, hoc fondamentum,
quod nostras cogitationes dirigere debet, nullum aliud potest
esse, quam cognitio ejus, quod formam veritatis constituit, et
cognitio intellectus, ejusque proprietatum, et virium : hac
enim acquisita fundamentum habebimus, a quo nostras
cogitationes deducemus, et viam, qua intellectus, prout ejus
fert capacitas, pervenire poterit ad rerum æternarum cognitio-
B106 nem, habita nimirum ratione virium intellectus. | Quod si
vero ad naturam cogitationis pertineat veras formare ideas, ut
in prima parte ostensum, hic jam inquirendum, quid per vires
et potentiam intellectus intelligamus. Quoniam vero
præcipua nostræ Methodi pars est vires intellectus, ejusque
naturam optime intelligere, cogimur necessario (per ea, quæ
in hac secunda parte Methodi tradidi) hæc deducere ex ipsa
B107 cogitationis, et intellectus definitione. | Sed hucusque nullas
regulas inveniendi definitiones habuimus, et quia eas tradere
non possumus, nisi cognita natura, sive definitione intellectus, ejusque potentia, hinc sequitur, quod vel definitio
intellectus per se debet esse clara, vel nihil intelligere possumus. Illa tamen per se absolute clara non est ; attamen, quia
ejus proprietates, ut omnia, quæ ex intellectu habemus, clare,
et distincte percipi nequeunt, nisi cognita eorum natura : ergo

et en déduire en bon ordre les choses qui doivent être déduites
légitimement, si elle était fausse, il en met à nu la fausseté ;
mais si elle était vraie, alors il continuera avec félicité à
déduire sans interruption ; c'est, dis-je, requis pour notre
affaire. En effet, il n'y a pas de fondement à partir duquel nos
pensées puissent trouver un terme. | Si nous voulons donc   **B105**
mener l'investigation sur la chose première de toutes, il est
nécessaire qu'il y ait quelque fondement qui y dirige nos
pensées. Ensuite, puisque la Méthode est la connaissance
réflexive elle-même, ce fondement qui doit diriger nos
pensées, ne peut être rien d'autre que la connaissance de ce qui
constitue la forme de la vérité, et la connaissance de l'entendement et de ses propriétés et forces : celle-ci acquise, en effet,
nous aurons le fondement dont nous déduirons nos pensées, et
la voie par laquelle l'entendement, autant que l'admet sa
capacité, pourra parvenir à la connaissance des choses
éternelles, compte tenu, bien sûr, des forces de l'entendement.
| Mais, s'il appartient à la nature de la pensée de former des   **B106**
idées vraies, comme cela a été montré dans la première partie,
il faut maintenant rechercher ici ce que nous entendons par
forces et puissance de l'entendement. Mais, puisque la
principale partie de notre Méthode est d'entendre au mieux les
forces de l'entendement et sa nature, nous sommes nécessairement forcés (par les choses que j'ai enseignées dans cette
deuxième partie de la Méthode) de les déduire de la définition
même de la pensée et de l'entendement. | Mais nous n'avons   **B107**
eu jusqu'ici aucune règle pour trouver des définitions, et
puisque nous ne pouvons les enseigner sans avoir connu la
nature ou définition de l'entendement et sa puissance, il
s'ensuit que, ou la définition de l'entendement doit être claire
par elle-même, ou nous ne pouvons rien entendre. Cependant,
elle n'est pas claire absolument par elle-même ; et pourtant,
puisque ses propriétés, comme toutes les choses que nous
possédons à partir de l'entendement, ne peuvent être perçues
clairement et distinctement, sinon leur nature connue, la

definitio intellectus per se innotescet, si ad ejus proprietates, quas clare, et distincte intelligimus, attendamus. Intellectus igitur proprietates hic enumeremus, easque perpendamus, deque nostris innatis [g"] instrumentis agere incipiamus.

B108 | Intellectus proprietates, quas præcipue notavi, et clare intelligo, hæ sunt.

I. Quod certitudinem involvat, hoc est, quod sciat res ita esse formaliter, ut in ipso objective contineantur.

II. Quod quædam percipiat, sive quasdam formet ideas G39   absolute |, quasdam ex aliis. Nempe quantitatis ideam format absolute, nec ad alias attendit cogitationes; motus vero ideas non, nisi attendendo ad ideam quantitatis.

III. Quas absolute format, infinitatem exprimunt; at determinatas ex aliis format. Ideam enim quantitatis, si eam per causam percipit, tum quantitatem determinat, ut cum ex motu alicujus plani corpus, ex motu lineæ vero planum, ex motu denique puncti lineam oriri percipit; quæ quidem perceptiones non inserviunt ad intelligendam, sed tantum ad deteminandam quantitatem. Quod inde apparet, quia eas quasi ex motu oriri concipimus, cum tamen motus non percipiatur, nisi percepta quantitate et motum etiam ad formandam lineam in infinitum continuare possumus, quod minime possemus facere, si non haberemus ideam infinitæ quantitatis.

IV. Ideas positivas prius format, quam negativas.

g''. Vide supra pag. 13. 14. et seqq.

définition de l'entendement se fera donc connaître par elle-même, si nous faisons attention à ses propriétés que nous entendons clairement et distinctement. Enumérons donc les propriétés de l'entendement, et soupesons-les, et commençons à traiter de nos instruments innés^{g"}.

| Les propriétés de l'entendement que j'ai principalement **B108** notées et que j'entends clairement, sont celles-ci :

I. Qu'il enveloppe la certitude, c'est-à-dire qu'il sait que les choses sont formellement comme elles sont contenues objectivement en lui-même.

II. Qu'il perçoit des choses, ou forme certaines idées absolument, ou certaines à partir d'autres. L'idée de quantité, il la forme, n'est-ce pas ?, absolument, et ne fait pas attention à d'autres pensées, mais non les idées de mouvement, sinon en faisant attention à l'idée de quantité.

III. Celles qu'il forme absolument expriment l'infinité ; mais les déterminées, il les forme à partir d'autres. En effet, l'idée de quantité, s'il la perçoit à travers une cause, il détermine alors la quantité, comme lorsqu'il perçoit que naît du mouvement d'un certain plan un corps, du mouvement d'une ligne un plan, et enfin du mouvement d'un point une ligne, perceptions qui ne servent certes pas à entendre la quantité, mais seulement à la déterminer. Ce qui apparaît par le fait que nous les concevons comme si elles naissaient du mouvement, alors que le mouvement n'est pourtant pas perçu si n'est perçue la quantité, et par le fait que nous pouvons aussi continuer le mouvement pour former une ligne à l'infini, ce que nous pourrions le moins faire, si nous n'avions l'idée de quantité infinie.

IV. Il forme les idées positives avant les négatives.

---

g". Voir ci-dessus **B 30** et *sqq.*

V. Res non tam sub duratione, quam sub quadam specie æternitatis percipit, et numero infinito; vel potius ad res percipiendas, nec ad numerum, nec ad durationem attendit : cum autem res imaginatur, eas sub certo numero, determinata duratione, et quantitate percipit.

VI. Ideæ, quas claras et distinctas formamus, ita ex sola necessitate nostræ naturæ sequi videntur, ut absolute a sola nostra potentia pendere videantur; confusæ autem contra. Nobis enim invitis sæpe formantur.

VII. Ideas rerum, quas intellectus ex aliis format, multis modis mens determinare potest : ut ad determinandam ex. gr. planum ellipseos, fingit stylum chordæ adhærentem circa duo centra moveri, vel concipit infinita puncta eandem semper, et certam rationem ad datam aliquam rectam lineam habentia, vel conum plano aloquo obliquo sectum, ita ut angulus inclinationis major sit angulo verticis coni, vel aliis infinitis modis.

VIII. Ideæ, quo plus perfectionis alicujus objecti exprimunt, eo perfectiores sunt. Nam fabrum, qui fanum aliquid excogitavit, non ita admiramur, ac illum, qui templum aliquod insigne excogitavit.

B109
G40

‖ Reliqua, quæ ad cogitationem referuntur, ut amor, lætitia, etc. nihil moror : nam nec ad nostrum institutum præsens faciunt, nec etiam possunt concipi, nisi percepto intellectu. Nam perceptione omnino sublata ea omnia tolluntur.

B110

| Ideæ falsæ, et fictæ nihil positivum habent (ut abunde ostendimus), per quod falsæ, aut fictæ dicuntur; sed ex solo defectu cognitionis, ut tales, considerantur. Ideæ ergo falsæ, et fictæ, quatenus tales, nihil nos de essentia

V. Il perçoit les choses, non pas tant sous la durée que sous un certain aspect d'éternité, et le nombre infini ; ou plutôt, pour percevoir les choses, il ne fait attention ni au nombre, ni à la durée : mais, quand il imagine les choses, il les perçoit sous un certain nombre, une durée déterminée, et une quantité.

VI. Les idées que nous formons claires et distinctes paraissent suivre de la seule nécessité de notre nature, de telle sorte qu'elles semblent dépendre absolument de notre seule puissance ; mais les confuses, c'est le contraire. C'est contre notre gré, en effet, que souvent elles sont formées.

VII. Les idées que l'entendement forme à partir d'autres, l'esprit peut les déterminer de multiples manières : comme, pour déterminer, par exemple, le plan de l'ellipse, il feint que se meut autour de deux centres une pointe attachée à une corde, ou il conçoit une infinité de points ayant un rapport qui est le même et certain avec une ligne droite donnée, ou un cône coupé par un plan oblique de telle sorte que l'angle d'inclinaison soit plus grand que l'angle du sommet du cône, ou d'une infinité d'autres manières.

VIII. Les idées, plus elles expriment de perfection d'un certain objet, plus elles sont parfaites. Car nous n'admirons pas autant l'ouvrier qui a fait sortir de sa pensée une chapelle, que celui qui a fait sortir de sa pensée un temple remarquable.

| Les autres choses qui se rapportent à la pensée, comme **B109** l'amour, la joie, etc., je ne m'y attarde pas : car elles ne contribuent pas à notre propos présent, et ne peuvent même pas être conçues, si n'est perçu l'entendement. En effet, la perception totalement ôtée, toutes ces choses sont ôtées.

| Les idées fausses et les fictives n'ont rien de positif **B110** (comme nous l'avons abondamment montré), par quoi elles sont dites être fausses ou fictives ; mais c'est à partir du seul défaut de connaissance qu'elles sont considérées comme étant telles. Donc les idées fausses et les fictives, en tant que telles,

cogitationis docere possunt; sed hæc petenda ex modo recensitis proprietatibus positivis, hoc est, jam aliquid commune statuendum est, ex quo hæ proprietates necessario sequantur, sive quo dato hæ necessario dentur, et quo sublato hæc omnia tollantur.

Reliqua desiderantur.

ne peuvent rien nous apprendre sur l'essence de la pensée ; mais celle-ci doit être demandée aux propriétés positives recensées à l'instant, c'est-à-dire qu'il faut établir quelque chose de commun d'où suivent nécessairement ces propriétés, ou que, cela donné, elles soient nécessairement données, et que, cela ôté, elles soient toutes ôtées.

Le reste manque

TABLE DES MATIÈRES

INTRODUCTION
de BERNARD ROUSSET

SPINOZA
TRAITÉ DE LA RÉFORME DE L'ENTENDEMENT

Achevé d'imprimer en octobre 2020
sur les presses de
La Manufacture - Imprimeur – 52200 Langres
Tél. : (33) 325 845 892

N° imprimeur : 200985 - Dépôt légal : novembre 2002
Imprimé en France